Gerd Biegel | Angela Klein | Matthias Steinbach

Stauffenbergs Schatten

Der 20. Juli 1944 in der deutschen Rezeption

Adlerstein Verlag

Braunschweig 2024

Vorwort

Der 20. Juli 1944 ist heute ein zentrales Datum der deutschen Gedenkkultur. Er steht nicht nur für den Staatsstreich und das Attentat auf Hitler, sondern für den gesamten aktiven Widerstand gegen die Barbarei des Nationalsozialismus, um »der Welt zu zeigen, dass es auch ein anderes Deutschland gibt« (Richard von Weizsäcker). Doch der Weg der Anerkennung des Widerstands war lang und asymmetrisch in den ehemals beiden deutschen Staaten. Zwar hatte schon früh mit Ricarda Huch und Reinhold Schneider eine positive Rezeption und Anerkennung der Attentäter vom 20. Juli 1944 eingesetzt, jedoch blieb die öffentliche Wirkung schwach. Selbst als im Braunschweiger Remer-Prozess von 1952 Generalstaatsanwalt Fritz Bauer ein richtungsweisendes Urteil zur Rehabilitierung der Attentäter erreichte und erstmals ein deutsches Gericht den NS-Staat als *Unrechtsstaat* im Urteil bezeichnete, setzte kein offensiver Wandel der Gedenkkultur ein. Die Forschung richtete ihr Augenmerk verstärkt auf den zivilen Widerstand. Zu groß waren noch lange die Vorbehalte gegen die »Vaterlandsverräter« der vermeintlichen Adels- und Offiziersclique. Erst mit Theodor Heuss' Gedenkrede zum 10. Jahrestag 1954 änderte sich die Perspektive. Der Widerstand wurde nun als »Geschenk für die Zukunft« begriffen, gleichwohl der Blick, vor allem im Westen, noch lange auf dessen militärischen und bürgerlich-aristokratischen Teil beschränkt blieb. Allmählich rückte auch die Person Claus Graf Schenks von Stauffenberg in die Rolle einer Symbolfigur des Widerstands. Allerdings hatte er als bloßer »Attentäter« wie auch später als »Held« keine wirkliche Biografie. Man wusste nicht so recht, wer er gewesen war und wofür er eigentlich stand. Mit der ersten wissenschaftlichen Biografie, 1967 vom Potsdamer Historiker Kurt Finker vorgelegt, kam Bewegung in die deutsch-deutsche Rezeption *im Schatten Stauffenbergs*. Wer der adelsstolze und sozial denkende Graf für das heutige Deutschland sein und was er für uns bedeuten kann, ist weiter zu verhandeln. Erbe und Tradition Stauffenbergs und des 20. Juli 1944 verweisen auf Freiheit mehr als auf Demokratie. Und nicht weniger wichtig als diese ist die brennende Frage, aus welchen sozialen und politischen Milieus sich die Bundeswehr künftig rekrutieren wird. Pistorius' 20.000 Männer und Frauen sind nicht minder wichtig als die Männer und Frauen des 20. Juli. Dennoch hat Stauffenberg Bedeutung für eine demokratische Erinnerungskultur. Verbürgt er doch sowohl politische Möglichkeit und soziale Differenz als auch persönliche Wandlungsfähigkeit, die eben nicht in eins fallen und in ihrer Widersprüchlichkeit auszuhalten sind.

Diese und andere Aspekte der ambivalenten Rezeptionsgeschichte hatten wir bereits 2019 in einem Symposium des Instituts für Braunschweigische Regionalgeschichte und Geschichtsvermittlung vorgestellt und über die Corona–Zeit mit weiteren Vorträgen ergänzt. Der Band versammelt diese zum 80. Jahrestag des Attentats nicht zuletzt, um das Interesse an den Biografien der Beteiligten wie auch am notwendigen Widerstand gegen das Unrecht des Staates wachzuhalten und die Notwendigkeit dazu weiter zu bedenken.

Gerd Biegel | Angela Klein | Matthias Steinbach

Detlev Rust

Grußwort

Mit *Verdrängen – Vergessen – Rehabilitierung* macht schon der Titel deutlich,
worum es bei der Tagung geht: nämlich einen geschichtlichen Verlauf aufzu-
arbeiten. Der Titel, der dem Umgang mit den Männern des 20. Juli 1944
gewidmet ist, würde übrigens genauso gut auf den Umgang mit meinem be-
kanntesten Vorgänger im Amt, Generalstaatsanwalt Fritz Bauer, passen. Auch
er und sein unermüdliches Wirken dafür, dass in unserem Rechtsstaat mit
rechtsstaatlichen Mitteln aufgearbeitet wird, was zur Zeit der nationalsozialistischen Herrschaft Recht und was Unrecht war, ist nach seinem Tod von
Vielen und in der großen Öffentlichkeit verdrängt und vergessen worden. Erst
sehr spät und insbesondere auch dank unserer Gastgeber ist sein Wirken
öffentlich thematisiert und entsprechend gewürdigt worden.

Wie beschrieben, zeigt schon der Titel der Veranstaltung einen geschichtlichen Verlauf auf. Es gibt viele Menschen, die an geschichtlichen Ereignissen
oder Verläufen interessiert sind. Über das reine Interesse hinaus ist nach meiner
Ansicht Geschichte allerdings mehr als nur ein interessanter Selbstzweck.
Vielmehr können wir aus der Geschichte lernen, wo eine Gesellschaft in der
Gegenwart steht und welche Folgen voraussichtlich eintreten, je nachdem
welche Handlungsoptionen gewählt werden. Anders ausgedrückt: Aus dem
geschichtlichen Verlauf können wir Gefahren der Gegenwart erkennen und
Handlungsempfehlungen für die problematischen Bereiche entwickeln. Diese
allgemein gültige Sichtweise ist vor 20 oder 30 Jahren als abstrakte Äußerung
genauso richtig gewesen wie heute. Heute ist diese Erkenntnis aber noch viel
wichtiger. In jener vergangenen Zeit gab es eine grundsätzliche Übereinstimmung zwischen den Bürgerinnen und Bürgern und mit den staatlichen Insti-
tutionen, dass unsere Demokratie und unser Rechtsstaat selbstverständlich
und keiner ernsthaften Gefahr ausgesetzt sei. Heute gibt es leider konkrete
Anlässe, sich um unsere Demokratie, unseren Rechtsstaat und die freien Ent-
faltungsmöglichkeiten der einzelnen Bürgerinnen und Bürger Sorgen zu
machen.

Ich möchte diesen gesellschaftlichen Wandel am Umgang mit »Autoritäten«
deutlich machen. Lassen Sie uns dazu einen Blick zunächst noch etwas weiter
in die Vergangenheit zurückwerfen, in die 50er und 60er Jahre des letzten
Jahrhunderts. Was damals »Autoritäten« sagten, das galt für fast alle Menschen.

Autoritäten hatten »Recht«, ihr Wort war »Gesetz«, ohne in der Regel den Gehalt ihrer Anweisungen oder Ansichten inhaltlich zu hinterfragen. Das galt für Eltern, Lehrer, Polizisten, etablierte Politiker ebenso wie für die Justiz, also Staatsanwaltschaften und Gerichte. Auch für Kinder und Jugendliche waren fast alle Erwachsenen Autoritätspersonen. Das hat sich – man könnte formulieren »mit deutscher Gründlichkeit« – geändert, teilweise geradezu ins Gegenteil gewandelt. Heute ist der Umgang vieler Menschen untereinander oft und ohne erkennbaren Grund respektlos. Das gilt unabhängig davon, ob sich die Menschen kennen oder bisher unbekannt sind, unabhängig davon, ob sie im privaten oder öffentlichen Bereich kommunizieren oder ob Private untereinander oder gegenüber dem Staat handeln. Bei der Frage nach den Ursachen wird oft allein oder jedenfalls ganz überwiegend darauf verwiesen, dass im Internet jede und jeder anonym bleiben oder haarsträubendste Ansichten und sogar schwerwiegende Beleidigungen unerkannt verbreiten kann. Zum einen ist diese These jedenfalls nicht durchgängig zutreffend, auch wenn die (vermeintliche) Anonymität im Internet sicher zur Hemmungslosigkeit von Äußerungen beiträgt. Aber es ist auch nahezu unfassbar, in welchem aggressiven Ton oder mit welchen beleidigenden Äußerungen tagtäglich offizielle Schreiben unter vollständiger Nennung von Namen und Adresse an Behörden gerichtet werden, zum Beispiel in Anzeigen gegenüber der Staatsanwaltschaft oder in Beschwerden, und zwar auch gegenüber den vorhin aufgezeigten »Autoritäten« einschließlich Staatsanwältinnen und Staatsanwälten oder Richterinnen und Richter, die »reihenweise« wegen Verfolgung Unschuldiger, Rechtsbeugung, Freiheitsberaubung im Amt oder ähnlicher Delikte aus nichtigen Anlässen angezeigt und mit an den Haaren herbeigezogenen Unterstellungen überschüttet werden. In vieler solcher Schreiben an oder über Autoritäten werden auch Gewalttaten zunächst in den Raum gestellt, dann angedroht und immer konkreter aufgezeigt. Dabei fällt mir ein Zitat von Georg Mascolo von der *Süddeutschen Zeitung* ein: »Gewalt beginnt stets mit gewalttätiger Sprache«. Zudem sehen wir leider zunehmend, dass tatsächlich Gewalt ausgeübt wird, bis hin zu Tötungsdelikten, wie bei dem Mord an Herrn Lübcke, den damaligen Regierungspräsidenten von Kassel.

Aber auch der Umgang zwischen den Autoritäten ist oft nicht von gegenseitiger Wertschätzung und Achtung der jeweiligen Rolle geprägt. Ich denke da an den Umgang von Politikern untereinander. Auch wenn im politischen Diskurs sicherlich eine Zuspitzung in gewissem Umfang sinnvoll und hilfreich ist, wird das Maß dieses Sinnvollen oft überschritten. Das gilt erst recht in leider häufiger werdenden Äußerungen oder Handlungen von Politikern gegenüber Staatsanwaltschaften und Gerichten. Wenn eine Gemeinde sich – und zwar ausdrücklich – nicht an eine Entscheidung des obersten deutschen Gerichts, des Bundesverfassungsgerichts, hält und ihre Stadthalle einer politischen Partei entgegen dieser Entscheidung nicht vermietet, hat das mit Achtung des Rechtsstaats nichts zu tun. Dass die Verantwortlichen dieser Gemeinde auch noch von vielen Seiten Beifall für ihr eindeutig rechtswidriges Handeln erfahren, ist für mich unbegreiflich. Ein anderes prominentes Beispiel aus letzter Zeit ist das Verhalten eines Ausländeramtes in einem verwaltungsgerichtlichen Verfahren. Dort wurde dem Gericht – auf ausdrückliche Nachfrage des Gerichts – vorgespiegelt, dass eine Abschiebung im laufenden verwaltungsgerichtlichen Verfahren nicht durchgeführt werde, während der Betroffene dann tatsächlich während des laufenden Gerichtsverfahrens buchstäblich »über Nacht« abgeschoben wurde. Ich will nicht verhehlen, dass auch die Kommunikation zwischen Staatsanwaltschaften und Gerichten ebenfalls nicht immer angemessen und wertschätzend ist, wie in einem medienwirksamen Korruptionsverfahren in Bayern. Dort hat die Vorsitzende Richterin in der öffentlichen Urteilsbegründung der Staatsanwaltschaft blinden Verfolgungseifer vorgeworfen.

Die Beispiele ließen sich fortsetzten und zeigen, dass die Sprache und der zwischenmenschliche Umgang sicherlich nicht allein, aber mitursächlich dafür sind, dass Respektlosigkeit und Verrohung immer weiter um sich greifen.

Deshalb ist es wichtig, dass jede und jeder im eigenen Bereich überlegt, ob sie oder er – auch unbewusst – durch Inhalt oder Darstellung der eigenen Argumente seinen Mitmenschen wertschätzend und freundlich oder respektlos und abwertend begegnet und damit letztlich zu einer Verrohung der Sitten und Steigerung von Gewalttätigkeiten beiträgt.

Zusammengefasst stelle ich folgende Thesen auf:
Blindes Vertrauen auf Autoritäten ist ebenso schädlich wie
ständiges Misstrauen gegenüber Autoritäten
Verrohung und Gewaltanwendung fängt mit der Sprache an
Wichtig ist, die Mechanismen und Folgen des Verhaltens aufzuzeigen

und deshalb ist diese Veranstaltung so wichtig!

Matthias Steinbach

»Kein Mann für Bonn«
Zu Entstehung und Rezeption von Kurt Finkers Stauffenberg–Biografie [1]

Geschichte ist immer auch Politik, meine Damen und Herren, Traditions– und Identitätspolitik vor allem. Insbesondere gilt das hierzulande für den Umgang mit dem Nationalsozialismus wie der DDR. Historische Bestseller waren und sind sehr häufig gerade in diesem thematischen Umfeld angesiedelt. Denken Sie, ganz abgesehen von den zahllosen Hitler–Biografien, an Karl Jaspers gleich nach dem Krieg veröffentlichtes Buch *Die Schuldfrage*, an Hannah Arendts Eichmann–Bericht *Banalität des Bösen* (1964), an Daniel Goldhagens *Hitlers willige Vollstrecker* (1996) oder Götz Alys *Hitlers Volksstaat* (2005), die nicht nur gern gelesen wurden, sondern stets kritische Debatten auslösten. Jonathan Litells historisierender Täterroman *Die Wohlgesinnten* (2006), die Geschichte des Auswärtigen Amtes [2] sowie die kommentierte Neuauflage von Hitlers *Mein Kampf* [3], Sie erinnern sich, sorgten für viel Zündstoff. Zuletzt machte Dirk Oschmanns bissiger Essay zum ewigen Ost–West–Konflikt Furore. [4]

Auch für die gewesenen beiden deutschen Staaten gilt der Befund, dass Faschismus, respektive Nationalsozialismus *den* Dreh– und Angelpunkt historischer Selbstvergewisserung und politischer Legitimation bildeten – zumal, und hier wird unser Thema einschlägig, stets konkurrierend und *asymmetrisch verflochten* (Christoph Kleßmann). Der Gegner oder Klassenfeind hörte und las immer mit und wurde so in einem latenten Sinne Mitautor vieler, sehr vieler, auch wissenschaftlicher Texte. Um auf die historischen Bestseller

---

[1] Manuskript beruht auf mehreren, zwischen 2014 und 2023 in Braunschweig gehaltenen Vorträgen. Die Redeform wurde im Wesentlichen beibehalten. Für Hinweise und Kritik danke ich Gerd Biegel und Michael Ploenus.

[2] Eckart Conze u.a.: *Das Amt und die Vergangenheit. Deutsche Diplomaten im Dritten Reich und in der Bundesrepublik.* München 2010. Vgl. auch Martin Sabrow/Christian Mentel (Hrsg.): *Das Auswärtige Amt und seine umstrittene Vergangenheit: eine deutsche Debatte.* Frankfurt/M. 2014.

[3] Adolf Hitler 1889–1945 u.a.: *Hitler, Mein Kampf.* Institut für Zeitgeschichte. München 2016. Vgl. Matthias Steinbach: *»Hitler war'n Spast und 'n Massenmörder. Was soll ich seine Biographie lesen«.* Mein Kampf in der Schule. Eine Diskussion. Schellerten 2018.

[4] Dirk Oschmann: *Der Osten: eine westdeutsche Erfindung.* Berlin 2023.

zurückzukommen, so ist es zunächst wenig überraschend, dass insbesondere
– in West und Ost gleichermaßen – vor allem Biografien ein Massenpublikum
erreichten. Bemerkenswert indes ist, dass diese wirklich populären wissenschaftlichen Biografien gerade in der DDR nicht etwa, wie vorderhand zu
erwarten, sozialistischen Helden, Theoretikern oder Staatsmännern gewidmet
waren, sondern von »Klassenfeinden« handelten, und zwar von politisch überaus exponierten. Da gab es Friedrich den Großen, Bismarck und eben auch
Stauffenberg (allesamt Adlige). Gattungstechnisch und vom theoretischen
Anspruch wurde dies damals übrigens von den allermeisten Kollegen im
Westen überaus kritisch beäugt. Biografien galten der vorherrschenden
Sozial– und aufkommenden Alltagsgeschichte als historistisch überkommen
und konservativ. So musste sich Ernst Engelberg, Ostberliner Historiker, dessen
zweibändiges Bismarck–Opus 1985 bei Siedler und im Akademie–Verlag
zugleich in Ost und West erfolgreich verlegt wurde, auf dem Trierer Historiker-
tag 1986 von Hans Ulrich Wehler das Sprüchlein gefallen lassen: »Ein schönes
Buch, Herr Kollege, aber doch eher etwas für Bildungsbürger«. Für wen schrieb
Wehler eigentlich?

Finker–Ausgaben im Union–Verlag (Ost) und bei Pahl–Rugenstein (West)

Kurt Finkers *Stauffenberg und der 20. Juli 1944* wäre so nie kommentiert worden. Dafür war das Buch viel zu ideologiegesättigt und in seinen Fundamentalen überhaupt nur unter den Sinnhorizonten des Kalten Krieges erklärlich[5]. Erschienen zuerst 1967 und dann in sieben Auflagen bis 1989 zum subventionierten Ladenpreis von 13.80 Mark in der DDR über 90.000–mal verkauft, wurde es zudem ins Tschechische, Polnische und Russische übersetzt. Bei Pahl–Rugenstein erschien 1977 eine Lizenzausgabe in der Bundesrepublik.

Finkers Studie schlug auch deshalb so ein, weil es die erste umfassende wissenschaftliche Stauffenberg–Biografie aus deutscher Feder war. Die Widerstandsforschung wurde damals in Ost und West unter gegenläufigen Auspizien vorangetrieben. Während man in der Bundesrepublik – Gerhard Ritters große Goerdeler–Biografie (1954) gab das Beispiel – den militärischen und bürgerlich–aristokratischen Teil des Widerstandes hervorhob, den kommunistischen hingegen vernachlässigte bis verleugnete[6], bot das Antifaschismus–Paradigma der DDR kaum Platz für eine positive Rezeption des Widerstandes jenseits seiner kommunistischen Spielart. Noch in der sechsten Auflage stellte Kurt Finker, bei allem Respekt seinem Helden gegenüber, unmissverständlich fest, dass »weder der in Offiziersuniform aufbegehrende Adel noch das oppositionelle liberale und konservative Bürgertum oder die sich der ›Gleichschaltung‹ widersetzenden Kirchen«, sondern die Kommunisten die größten Opfer im Aufbegehren gegen den Nationalsozialismus gebracht hätten.[7] Dabei standen gerade die Männer des 20. Juli, im Westen auch lange als Vaterlandsverräter verrufen – Sie kennen den unsäglichen Major Remer und den entsprechenden Prozess hierzulande nur zu gut –, in der DDR lange unter dem Verdikt, Exponenten einer »imperialistisch–restaurativen Verschwörung« ohne Bindung zu den »Volksmassen« und überdies antikommunistisch und sogar »antinational« – also spalterisch – motiviert gewesen zu sein.[8]

---

[5] Wichtiger Meilenstein für die Debatte »Ost«: Daniil Melnikow: *20. Juli 1944. Legende und Wirklichkeit.* Berlin 1964.

[6] In der Bundesrepublik waren parallel erschienen: Bodo Scheurig: *Claus Graf Schenk von Stauffenberg*, Berlin 1964 und Joachim Kramarz: *Claus Graf Schenk von Stauffenberg. Das Leben eines Offiziers.* Frankfurt/M. 1965.

[7] Kurt Finker/Annerose Busse: *Stauffenberg und der 20. Juli 1944.* Berlin 1984, S. 300f.

[8] Ines Reich: *Das Bild vom deutschen Widerstand in der Öffentlichkeit und Wissenschaft der DDR*, in: Peter Steinbach/Johannes Tuchel (Hrsg.): *Widerstand gegen den Nationalsozialismus.* Bonn 1994, S. 557ff.

6.8. Die Zerschlagung der faschistischen Aggressoren in Europa und Asien

6.8.1. Der Siegeszug der Sowjetarmee

Seit der Niederlage in der Kursker Schlacht im Juli 1943 bestand die Strategie der faschistischen Führung in folgendem: Das Vordringen der Sowjetarmee verzögern und möglichst wenige der eroberten Gebiete preisgeben; Kräfte für einen nunmehr auch in Westeuropa erwarteten Angriff der Anglo-Amerikaner aufsparen; auf einen Streit innerhalb der Antihitlerkoalition warten, der es Hitlerdeutschland ermöglichen würde, ohne bedingungslose Kapitulation den Krieg zu beenden.
Alle diese Bemühungen und Spekulationen scheiterten sehr bald.
Am 14. Januar 1944 hatte im Raum Leningrad eine gewaltige Offensive der sowjetischen Truppen begonnen, die die 900tägige Belagerung der Stadt beendete und die faschistische Wehrmacht zum Rückzug zwang.

Die Stadt Lenins, die 1939 rund 3,2 Millionen Einwohner zählte, war die zweitgrößte Stadt der UdSSR. Von September 1941 bis Januar 1944 war sie von den faschistischen Truppen eingeschlossen. Große Zerstörungen durch Artilleriebeschuß und Bombardierungen waren die Folge. Durch Beschuß und Hunger kamen während der Blockade 632 253 Menschen in der Stadt um. Es gelang den Faschisten jedoch nicht, die Standhaftigkeit der traditionsreichen Leningrader Arbeiterklasse zu brechen. Selbst unter den schwersten Bedingungen produzierten die Werke der Stadt für die Sowjetarmee. Unter unsäglichen Mühen wurde die einzige Verbindung zum sowjetischen Hinterland, die Eisstraße über den Ladogasee, von Ende November 1941 bis zur Schneeschmelze im April 1942 aufrechterhalten.

An der gesamten über 1000 Kilometer langen deutsch-sowjetischen Front ging die Sowjetarmee zur Offensive über. Im Sommer 1944 war der größte Teil des Territoriums der UdSSR von den Faschisten befreit. Während dieser Zeit erreichte der Volkskampf gegen die faschistischen Besatzer seinen Höhepunkt. Das Zusammenwirken zwischen Partisanenverbänden und der Sowjetarmee hatte unmittelbare Auswirkungen auf die Kampfhandlungen. Die Partisanen erkundeten die Stärke und die Verteidigungsobjekte der Faschisten, zerstörten die Nachschubwege und banden die Reserven. Im Leningrader Gebiet gelang es der faschistischen Wehrmacht infolge der Partisanenaktionen zum Beispiel nicht mehr, einen regelmäßigen Eisenbahnverkehr aufrechtzuerhalten.

6.8.2. Die Eröffnung der zweiten Front

Als die Regierungen der Westmächte erkannten, daß die sowjetischen Truppen und bevorstehende nationale Volksaufstände in den unterjochten Ländern in der Lage sein würden, ganz Europa vom Faschismus zu befreien, ließen sie am 6. Juni 1944 in der Normandie ihre Truppen landen.
Der machtvolle Vormarsch der Sowjetarmee hatte die Konzentration ausreichend starker deutscher militärischer Kräfte im Westen unmöglich gemacht. Die Anglo-Amerikaner drangen von Westen auf Paris vor. Sie landeten auch an der französischen Mittelmeerküste und marschierten von dort nach Norden.
Die Invasion war für die Widerstands- und Partisanenbewegung in Westeuropa das Signal zum Volksaufstand. Noch bevor die Alliierten einmarschierten, gelang es französischen Patrioten, große Gebiete selbst zu befreien. Höhepunkt dieses Kampfes war der Volksaufstand in Paris am 18. August.

● *Warum eröffneten die imperialistischen Westmächte 1944 die zweite Front?*

6.8.3. Der 20. Juli 1944

Angesichts der unaufhaltsam näherrückenden Niederlage und des Aufschwungs der antifaschistischen Widerstandsbewegung suchte die Monopolbourgeoisie nach einem Ausweg. Führende Kreise der Monopolisten und reaktionären Militärs wollten auch nach dem verlorenen Kriege die Machtgrundlagen des deutschen Imperialismus und Militarismus erhalten. Eine grundlegende Umgestaltung der Herrschaftsverhältnisse und die Entmachtung der imperialistischen Kriegsverbrecher lehnten sie ab. Zu dieser Gruppierung gehörten neben anderen der ehemalige Leipziger Oberbürgermeister Goerdeler und der ehemalige Generalstabschef Beck. Sie planten einen Putsch, bei dem Hitler beseitigt und in Deutschland eine Militärdiktatur errichtet werden sollte. Den Krieg gegen die Sowjetunion wollten sie weiterführen, dagegen planten sie, mit den Westmächten sofort Frieden zu schließen.
Die Verschwörergruppe war jedoch politisch nicht einheitlich. Es gab darin auch einige wirklich patriotisch gesinnte Offiziere und Vertreter des Bürgertums. Zu ihnen gehörte vor allem Oberst Claus Graf Schenk von Stauffenberg. Seine Auffassung war es, die faschistische Diktatur durch eine demokratische Republik zu ersetzen und sofort sowohl im Westen als auch im Osten Frieden zu schließen.
Stauffenberg bewies große Tatkraft und Mut und brachte selbst am 20. Juli 1944 eine Bombe in das Hauptquartier Hitlers. Das Attentat mißlang jedoch, und die Verschwörung brach daraufhin schnell zusammen. Stauffenberg und viele

Landung der Alliierten in Frankreich: Eröffnung der zweiten Front am 6. Juni 1944

228

Oberst Claus Graf Schenk von Stauffenberg (1907 bis 1944)

229

Geschichte – Lehrbuch für Klasse 9. Volk und Wissen Volkseigener Verlag. Berlin 1978, S. 228–229

Auch waren sie es ja gewesen, die Hitler nicht nur in den Sattel gehoben, sondern ihm als Offiziere lange willfährig gedient und mit seiner Hilfe ihren eigenen Krieg geführt hatten. Jetzt erst, fünf Minuten nach zwölf, so die Lesart, wollten sie den Krieg nicht etwa beenden, sondern ohne den Diktator weiterführen. Die stärkste, ins Zynische gewendete Argumentation aus linker Feder findet sich am 21. Juli 1944 im Arbeitsjournal des damals in Santa Monica sitzenden deutschen Dichters Bertolt Brecht: »Als etwas über die blutigen Vorgänge zwischen Hitler und den Junkergenerälen durchsickerte«, so sein Vermerk, »hielt ich für den Augenblick Hitler den Daumen; denn wer, wenn nicht er, wird uns schon diese Verbrecherbande austilgen? Zuerst hat er dem Herrenklub seine SA geopfert, jetzt opfert er den Herrenklub.«
Davon blieb auch später, von Ulbrichts Verlautbarungen bis hinein in die Schulbücher, immer noch etwas hängen, und zumindest war klar, wenn Goerdeler, Beck, Stauffenberg usf., wenn dieser »Herrenclub« [9] nicht mehr Hitler diente, dann doch zumindest den imperialistischen Westmächten, deren

Stefan George und der Offizieranwärter
Stauffenberg (1928)

Landung in der Normandie dem Attentat ja unmittelbar vorausgegangen war: Die Bildkonstellation ist eindeutig und provozierte tatsächlich, zumindest bei mir damals, jene *Fünf–Minuten–nach–zwölf*–Assoziation. Jedoch war im Text vom Ziel eines Friedensschlusses «sowohl im Westen als auch im Osten» die Rede und sogar von einer »demokratischen Republik», die Stauffenberg als neue Staatsform vorgeschwebt habe. Allerdings wurde ihm lediglich eine «antinazistische«, aber keine »antifaschistische» Tat zugebilligt [10] – ein Attribut, das lange ausschließlich für Kommunisten und einige wenige Sozialdemokraten reserviert war.

Finker hatte sich nun etwas überlegt, um Stauffenberg und die Offiziere des Widerstands mindestens als brauchbare »Patrioten« [11] einzuführen. In Ansätzen war das bereits im Dokumentarfilm *Revolution am Telefon* (Karl Gass, 1964) geschehen, an dem er als Drehbuchmitarbeiter neben Karl Eduard von Schnitzler beteiligt war. Dem Potsdamer Historiker lagen Stauffenberg und insbesondere die Kreisauer, über die er auch schrieb [12], persönlich am Herzen (man versteht nur, was man liebt), und es ging nun darum, die Verschwörer aus dem Schatten der SED–Geschichtspolitik und ihrer imperialistischen Verschwörungslehren herausmanövrieren, ohne sie gleich zu Wegbereitern des Sozialismus oder gar zu Traditionsfiguren der NVA zu machen, was im Westen auch vermutet wurde. [13]

9   Deutscher Herrenklub, gegr. 1924, 1933 »dt. Klub«. Vgl. Dieter Fricke u.a. (Hrsg.): *Deutsche Liga für Völkerbund – Gesamtverband der christlichen Gewerkschaften Deutschlands* (Lexikon zur Parteiengeschichte. *Die bürgerlichen und kleinbürgerlichen Parteien und Verbände in Deutschland* [1789–1945] Bd. 2). Köln 1984.

10   Vgl. Institut für Marxismus–Leninismus beim ZK der SED (Hrsg.): *Von Januar 1933 bis Mai 1945 (Geschichte der deutschen Arbeiterbewegung* Bd. 5), Berlin 1966, S. 409–416.

11   Ines Reich/Kurt Finker: *Reaktionäre oder Patrioten? Zur Historiographie und Widerstandsforschung in der DDR bis 1990*, in: Gerd Ueberschär/Robert Buck (Hrsg.): *Der 20. Juli. Das »andere Deutschland« in der Vergangenheitspolitik*. Berlin 1998, S. 158–178.

12   Kurt Finker: *Graf Moltke und der Kreisauer Kreis*. Berlin 1978.

13   Uwe Johnson: *Anerkennung für den 20. Juli*, in: *Der Tagesspiegel* Nr. 5732 vom 21.07.1964, S. 4.

Der gebotenen Kürze wegen sage ich weniger zur Entstehung des Buchs, einem spannenden deutsch–deutschen Oral–History–Projekt (Gespräche, Briefkontakte mit Angehörigen und Überlebenden, Westreisen, Kontakten zur und Beobachtungen durch die Stasi [14]), sondern gehe nur auf Hauptthesen und Rezeption ein. Zunächst war Finker der Erste, der die Bildungsbiografie Stauffenbergs, seine Prägungen im George–Umfeld vor allem [15], ernst nahm und auf die humanistisch–christlichen wie aristokratisch–sozialen Denkhaushalte des Attentäters verwies. Das wurde allenthalben positiv aufgenommen, nur blieben die maßgeblichen Referenzpunkte der Bewertung jeglichen Widerstandes in der DDR nicht christliche oder ethisch–sozialistische Überzeugungen, sondern dessen spezifisches Verhältnis zur Sowjetunion, zur KPD und dann, ab 1943, zum NKFD (Nationalkomitee Freies Deutschland). In seinen Forschungen ging Finker also vor allem und mit großem Aufwand Einflussspuren, Lektüren und personalen Netzwerken nach, die auf sozialistische Imprägnierungen bei den Trägern des bürgerlichen und adeligen Widerstands hinwiesen. Hier und da fand sich etwas: Sinn für den *Arbeiter* und die *Soziale Frage*, »Ritterlichkeit im Umgang mit Mann und Weib«, eine Russlandreise in Friedenszeiten, Leninlektüren sogar. Manfred von Brauchitsch, der berühmte Rennfahrer, wusste vom befreundeten Offiziersanwärter zu berichten, dass dieser in Dresden eifrig russisch gelernt habe. Es war die Zeit der beginnenden Militärkooperationen zwischen Reichswehr und Roter Armee, um den Versailler Vertrag zu unterlaufen. Brauchitsch betonte aber, und das war wohl das Eigentliche: »In politischer Hinsicht waren viele Offiziere Monarchisten und sahen im Kronprinzen den künftigen Herrscher Deutschlands. [...] Unser Hauptfeind waren die ›Roten‹, die Sozialdemokraten, die in der Weimarer Republik in maßgeblichen Regierungsstellen saßen. Der Antikommunismus war für uns eine Selbstverständlichkeit, Kommunisten galten als Abschaum, als undiskutabel.« [16]

---

[14] Zur Debatte um Finkers Tätigkeit für das MfS vgl. Kurt Finker Wikipedia, [https://de. wikipedia.org/wiki/Kurt_Finker], zuletzt eingesehen am 17.06.2024. Seine Akte bei der BStU ist dick, ein Fall in beide Richtungen.

[15] Vgl. dazu inzwischen Thomas Karlauf: *Stauffenberg: Portrait eines Attentäters*. München 2019.; vgl. Ders.: *Stauffenberg. Eine Motivsuche*, in: *SINN UND FORM* 1 (2010), S. 5–17.

[16] Bundesarchiv Berlin: Nachlass Finker, N 2784/2: Manfred von Brauchitsch »Erinnerungen an Stauffenberg« (August 1966).

Stauffenberg selbst trug sich damals mit romantisch–faschistischen Ideen von Führertum und Volksgemeinschaft, stellte Gemeinnutz über Eigennutz und eine neue, »deutschbestimmte Rechtsordnung« gegen den Geist der Großstädte – allesamt Imprägnierungen, die zugleich den Denkhaushalten der *konservativen Revolution* zuzurechnen waren. [17] Mit dem Aufkommen des Nationalsozialismus konnte sich das sowohl aufweichen als auch verstärken. Gleichwohl als Militär für das Regime von Beginn an aktiv, hegte Stauffenberg eine tiefe innere Abneigung gegen Hitler und die Nazis. Das war gut für Finker. Nur gab es leider keinerlei nähere Beziehungen zum NKFD und dem Bund Deutscher Offiziere, also jenen Wehrmachtsangehörigen, die in russischer Kriegsgefangenschaft zu Sympathisanten und Propagandisten des Sowjetregimes geworden waren, so sehr Finker sein Quellenmaterial auch drehte und wendete. Und die oft zitierte, aber auch nicht sicher überlieferte Formel Stauffenbergs, dass er von »Proklamationen hinter Stacheldraht« nichts gehalten habe, war ja sattsam bekannt. Auch der Potsdamer Historiker zitierte sie nach den Kaltenbrunner–Berichten. [18] Der verschollene Major Kuhn hingegen, Freund Stauffenbergs und Adjutant Tresckows, Peter Hoffmann hat die nebulöse Geschichte 2007 aufgelöst, war damals noch die große Unbekannte und Möglichkeit. [19]

Dennoch gelang der Rösselsprung, Stauffenberg nach und nach nicht nur in eine antifaschistische Widerstandstradition zu integrieren, sondern ihn sogar in einen potenziellen Freund der Sowjetunion zu verwandeln. Angelhaken dafür war ein einziges Dokument, wonach er und die Kreisauer über Trott zu Solz unmittelbar vor dem Attentat mit der sowjetischen Botschafterin Alexandra Kollontai in Stockholm Kontakt aufgenommen und über einen Separatfrieden verhandelt hätten. Es gab dazu nur einige wenige Hinweise aus zweiter Hand: Willy Brands Erinnerungen etwa wurden angezogen [20] und es gab eben diesen einen Geheimdienstbericht der Amerikaner, in dem von

---

[17] Vgl. Armin Mohler: *Die konservative Revolution in Deutschland 1918–1932. Ein Handbuch.* 3. Aufl. Darmstadt 1989; Christian von Krockow: *Die Entscheidung. Eine Untersuchung über Ernst Jünger, Carl Schmitt, Martin Heidegger.* Frankfurt/M./New York 1990.

[18] Kurt Finker: *Stauffenberg und der 20. Juli 1944*, 6. überarb. Aufl. Berlin 1984, S. 181f.

[19] Kuhn verweigerte sich trotz Folter einer NKFD–Tätigkeit und bestätigte in nahezu allen seiner Aussagen die grundlegend antikommunistischen Zielsetzungen Stauffenbergs und dessen militärischen Umfelds. Vgl. Peter Hoffmann: *Stauffenbergs Freund. Die tragische Geschichte des Widerstandskämpfers*, München 2007, S. 189ff.

[20] Willy Brandt: *Links und frei. Mein Weg 1930–1950.* Hamburg 1982, S. 149f.

einem »Kollontai–Komplott« die Rede gewesen sein soll. Das *Neue Deutschland* vermeldete im Juli 1987: »Stauffenberg hatte Verbindung zum NKFD«.

Bereits in seiner Rezension von 1969 zur ersten Auflage hatte Hans Rothfels in der *Historischen Zeitschrift* zur Ostorientierung festgestellt, dass Stauffenberg von Finker zwar nicht: »als Nationalbolschewist reklamiert [werde]. Aber er würdigt aufs entschiedenste das Progressive in Stauffenbergs Denken, seine Bereitschaft, nach Osten hin – oder mindestens zweiseitig – zu verhandeln. Das hier im Kern etwas Richtiges gesehen wird, ist nicht zu bezweifeln und längst anerkannt, wenn auch entsprechende Zeugnisse bis hin zu Plänen grundlegender gesellschaftlicher Umgestaltung eher für Trott, Schulenburg und andere Kreisauer vorliegen als für Stauffenberg.«[21]

Diese behauptete Ostorientierung brachte einen anderen kundigen westdeutschen Rezensenten, den Stauffenberg– und Tresckow–Biografen Bodo Scheurig, zum oben zitierten Befund: »Kein Mann für Bonn? Eine Stauffenberg–Biografie aus dem anderen Deutschland«.[22] Nicht ohne Finkers »Sachlichkeit« zu loben und dessen unverhohlene Bewunderung dem Helden gegenüber anzuerkennen, sieht Scheurig doch kritisch auf das offenkundige Stimmungs– und Ergebnisgemisch aus Ideologie und redlicher Forschung: »Wir haben kaum Anlass, auf Finkers weltanschauliche Pflichtübungen mit Hochmut herabzusehen. Vieles liegt auch in unserer Historiografie des deutschen Widerstandes im Argen. Kaum, dass sie dabei ist, ihre größten Fehler und Unterlassungen zu korrigieren. Hier wäre vor allem an die Furcht west-

Neues Deutschland / 20. Juli 1987 / Seite 3

Politische Vernunft gegen den verbrecherischen Krieg

Die antifaschistische Tat vom 20. Juli 1944 – Aktion eines sozial und ideologisch breit gefächerten Friedensbündnisses

Von Prof. Dr. Olaf Groehler

Die Lagebesprechung im faschistischen Hauptquartier „Wolfsschanze" bei Rastenburg (heute Kętrzyn) begann um 12.30 Uhr. Zwei Minuten später setzte der Oberst im Generalstab Claus Graf Schenk von Stauffenberg im Gästezimmer des Oberkommandos der Wehrmacht mit Hilfe seines Adjutanten, Oberleutnant Werner von Haeften, den Zünder des 975 Gramm wiegenden Sprengstoffpakets in Gang. Bis die Bombe detonierte, blieben ihm noch zehn Minuten Zeit.

Niemand merkte Stauffenberg eine Spur von Nervosität an, als er kurz darauf den Lageraum betrat, an den Kartentisch ging und seine gelbe Aktentasche zwei Meter von Hitler entfernt an den Sockel des Kartentisches lehnte. „Es kommt darauf an, ihn umzubringen, und ich bin dazu bereit", hatte Stauffenberg wenige Tage vorher einem Freunde anvertraut. „Da gibt es keine andere Wahl mehr."

Als um 12.42 Uhr mit ohrenbetäubendem Knall eine gelbe Stichflamme durch den Lageraum fegte, die die 24 Anwesenden zu Boden schleuderte, Hitler verletzte, aber nicht tötete, hatte Stauffenberg den Raum bereits verlassen. Er und Haeften beobachteten aus dem PKW, der sie zum Flugplatz Rastenburg zurückbrachte, die Rauchwolke über der Lagebaracke. Es sah aus, als sei eine 15-cm-Granate eingeschlagen. Beide waren über-

Der Hauptakteur des 20. Juli 1944: Oberst Claus Graf Schenk von Stauffenberg

Augen, näherten sich Persönlichkeiten wie Beck und in den letzten Wochen vor dem Attentat auch ein Carl Goerdeler (noch unter Hitler Oberbürgermeister von Leipzig und Reichspreiskommissar) den Positionen, wie sie Stauffenberg und der Sozialdemokrat Julius Leber entschieden vertraten. Das betraf vor allem den Entschluß, gewaltsam gegen Hitler und gegen die Nazidiktatur vorzugehen, ein breites politisches Bündnis aller Kräfte der deutschen Widerstandsbewegung – einschließlich ihrer Hauptkraft, der KPD – herzustellen und den Krieg sofort an allen Fronten zu beenden, auch an der Hauptfront des zweiten Weltkrieges, der deutsch-sowjetischen Front.

Stauffenberg hatte Verbindung zum NKFD

Stauffenberg jedenfalls gab – wie aus einem jetzt bekannt gewordenen Dokument des Washingtoner Nationalarchivs hervorgeht – wenige Tage vor dem Attentat gegenüber dem engsten Kreis seiner Mitstreiter die Erklärung ab, „daß er in Verbindung mit General von Seydlitz und dem Freien Deutschlandkomitee in Moskau stehe" und „durch Vermittlung von Madame Kollontai (der sowjetischen Botschafterin in Stockholm – O. G.) Zusicherungen erhalten hätte, daß Deutschland einen fairen Frieden erhalte".

[Handschriftliche Randnotiz:] einen Brief hat er nicht gegeben

21 Hans Rothfels: *Rezension*, in: HZ 208 (1969), S. 716–718.
22 Bodo Scheurig: *Besprechung*, in: *DIE ZEIT,* 10. Mai 1968.

deutcher Historiker vor dem kommunistischen Widerstand zu erinnern. Bei Finker begegnet man dafür der nicht haltbaren These, dass die kommunistische Resistance Vorhut des Widerstandes gewesen sei. Wiederum muss Goerdeler – oft gegen die zitierten Zeugnisse – als Prototyp des Reaktionärs herhalten. Wiederum wird der Offiziersfronde vorgeworfen, ihren Staatsstreich ohne die ›Massen‹ geplant und inszeniert zu haben [...]. Finker ist klug genug, die Behauptung zu vermeiden, dass Stauffenberg der ›DDR‹ gehöre. Ohne Umschweife gesteht er: Stauffenberg war kein Kommunist. Gleichwohl wagt er auch, ihn für das sozialistische Deutschland zu reklamieren.«

Weit schärfere Kritik erfährt das Buch von Seiten der Ost–Berliner Parteihistoriker, denen Finkers »weltanschauliche Pflichtübungen« längst nicht genug sind. Natürlich beneidet man den Kollegen aus der Potsdamer Provinz um die Auflagenzahlen. Wolfgang Schumann, mächtiger Professor und Bereichsleiter 1917–1945 am Institut für Geschichte der Berliner Akademie der Wissenschaften, lässt wenig Gutes am Manuskript (Gutachten für eine zweite Aufl. Ende 1969). Von peinlicher Heldenverehrung und einer »Aufwertung der Adelskaste« ist hier zu lesen. Stauffenbergs Leben sei eindimensional auf das Attentat hin komponiert und »antifaschistisch« geschönt. Vor allem sei der kommunistische Widerstand als das Eigentliche und Normsetzende nicht gebührend gewürdigt, die sozialdemokratischen Beteiligten dagegen überbewertet. Im Zusammenhang mit der »reaktionären westdeutschen Geschichtsschreibung« kommen Monita, die fast schon nach Parteiverfahren riechen: »Der Verf. übernimmt reaktionäre Quellen, wie den Kaltenbrunner–Bericht, aber auch andere, in einem Maße, daß manchmal von Parteilichkeit im marxistischen Sinne schon fast nicht mehr zu sprechen ist. [...] Im Übermaß werden Zitate aus westdeutschen Darstellungen benutzt, ohne auch nur Zweifel an der Richtigkeit dessen zu äußern, was dort festgestellt wurde. [...]. Wenn Scheurig den Verf. im Übermaß lobt, sollte man sich doch überlegen, was man falsch gemacht hat.« [23]

Irgendwie sitzt Finker, Sie merken es, zwischen allen Stühlen. Seine adeligen Gesprächspartnerinnen stört der »Zungenschlag« seines Buches, es knirsche ihnen beim Lesen »wie Sand zwischen den Zähnen« (Nina, 28.11.68). Den Parteihistorikern in den eigenen Reihen wiederum mangelt es an *Partei-*

---

[23] Bundesarchiv Berlin: Nachlass Finker, N 2784/6: Gutachten Schuhmann vom 23. Februar 1969. DR 1/2429a, Bl. 273 ff. Verlagsgutachten Union Verlag Berlin, 1971, F–J, div. Gutachten zu Finkers *Stauffenberg*, 2. Aufl.

lichkeit und marxistischer Stringenz. Eine schöne Bezugsstelle für diese Feststellung findet sich bei Finker etwa dort, wo er auf den einige Zeit vor dem 20. Juli 1944 entworfenen Eid Stauffenbergs für alle Mitverschwörer zu sprechen kommt. »Wir wollen«, so zitiert der Potsdamer Historiker daraus wörtlich:

»eine neue Ordnung, die alle Deutsche zu Trägern des Staates macht und ihnen Recht und Gerechtigkeit verbürgt, verachten aber die Gleichheitslüge und beugen uns vor den naturgegebenen Rängen. Wir wollen ein Volk, das, in der Erde der Heimat verwurzelt, den natürlichen Mächten nahe bleibt, das im Wirken in den gegebenen Lebenskreisen sein Glück und sein Genüge findet und in freiem Stolze die niederen Triebe des Neides und der Missgunst überwindet. Wir wollen Führende, die, aus allen Schichten des Volkes wachsend, verbunden göttlichen Mächten, durch großen Sinn, Zucht und Opfer den anderen vorangehen.« [24]

Finker deutet die Stelle am Eigentlichen, nämlich dem Geist der *konservativen Revolution*, vorbei, von dem der junge Stauffenberg ganz offensichtlich imprägniert war. So ließe sich dieser Eid, nach Diktion und Herkunft zwar dem elitären Denken des George–Kreises und der Idee einer »Revolution von oben« entstammend, »durchaus als ansatzweises Bekenntnis zur Demokratie und zum Verzicht auf Expansion und Bedrohung anderer Völker interpretieren.« [25] Stauffenberg als einen Weltfriedensvorkämpfer zu sehen, passte zum DDR–Habitus.

Was blieb in der allgemeinen, öffentlichen Wahrnehmung? Stauffenberg konnte, nach und durch Finker, nun durchaus politisches Identitätsangebot auch für den sozialistischen deutschen Staat und seine Bürger sein, freilich nicht im Sinne der Klassiker, und auch nicht in einer plakativen Aneignung der Art, wie sie sich etwa seit den ausgehenden 1970er Jahren Friedrichs des Großen bemächtigte. In diesem Sinne konnte Stauffenberg, der adelsstolze, elitäre, katholische Graf, aus DDR–Sicht nie »unser« werden. Mit der zweiten Auflage des Buchs im Jahre 1971 war der Bann über ihn und die anderen Offiziere der Verschwörung allerdings gebrochen, und er gehörte irgendwie zum Erbe. Das Publikum zwischen Kap Arkona und Fichtelberg reagierte euphorisch. Die zahlreichen Briefe an den Verfasser gerade von jüngeren Lesern

---

[24] Finker: *Stauffenberg* (wie Anm. 18), S. 162f.
[25] Ebd., S. 163.

sind ein Thema für sich. [26] Dem sozialistischen Flachland fehlten Helden. Stauffenberg bot sich an. Gedacht war inzwischen an eine Straßenbenennung in Ostberlin, die aber am Widerstand der Witwe Nina von Stauffenberg scheiterte. Ninas Absage an Finker ist eine Absage an die Teilung und lässt an kritischer Deutlichkeit in beide Richtungen nichts zu wünschen übrig:

»In Berlin gibt es bereits seit 1954 eine Stauffenbergstrasse, und zwar ist diese, wie Sie wissen, die ehemalige Bendler–Strasse. Angesichts der gemeinsamen Geschichte und Geographie der Stadt hätte ich gehofft, dass der Magistrat in Ostberlin es vermeiden würde (wie der Senat in Westberlin es tut), Strassennamen zu wiederholen, die es im anderen Teil der Stadt bereits gibt. Das ist aber offenbar nicht der Fall. Somit ist der Plan für eine zweite Stauffenbergstrasse im alten Regierungsviertel, unweit der bestehenden, nur verständlich, wenn die beiden Teile Berlins als untereinander bezuglos gesehen werden, oder gesehen werden sollen.

Mit meiner Zustimmung würde ich mir also den Standpunkt Ihrer Regierung über den rechtlichen Status der Stadt Berlin zu eigen machen oder ihn zumindest verdrängen. Das will ich nicht, und ich kann daher auch nicht meine Zustimmung zu einer neuen Stauffenbergstrasse im Ostteil der Stadt geben.« [27]

Doppelte Benennungen bekräftigen doppelte Staatlichkeit. Nina hält es eher mit der deutschen Einheit. In Ostberlin respektierte man ihre Haltung. Der Hauptvorstand der CDU, in deren Hausverlag (UNION–Verlag) die Biografie Finkers erschienen war, hatte schon früher daran gedacht, Stauffenberg ein Denkmal zu setzen und nach Erscheinen der 2. Aufl., am 27. Juli 1971 beim Historiker angefragt, welches ein geeigneter Ort in der DDR wäre. In seinem Antwortschreiben plädierte Finker für Standorte, die allesamt mit *progressiven* militärischen Traditionen zu tun hatten. Zunächst dachte er an Berlin und das Umfeld der *Neuen Wache*, damals »Mahnmal für die Opfer des Faschismus und Militarismus«, also jenen Ort, »wo die Standbilder der Generäle aus den Befreiungskriegen, Scharnhorst usw. stehen [...]. Erstens würden damit die fortschrittliche Linie der deutschen Militärgeschichte weitergeführt, zweitens ist Stauffenberg ein direkter Nachkomme Gneisenaus (Stauffenbergs Mutter war eine Urenkelin, er also ein Ururenkel Gneisenaus), drittens war

[26] Siehe im Bundesarchiv Berlin: Nachlass Kurt Finker, N 2784/4.
[27] Bundesarchiv Berlin: Nachlass Finker, N 2784/1, Brief von Nina von Stauffenberg vom 22. August 1987.

das Prinzessinnen-Palais Unter den Linden ein Treffpunkt der Verschwörer. [...] Das Entscheidende sollte m. E. sein, sichtbar zu machen, dass Stauffenberg in die historische Linie gehört, in der sich Gneisenau usw. befinden. [...]«

Als zweite Möglichkeit sah er Dresden an, wo Stauffenberg in den 1920er Jahren die Offiziersschule besucht hatte und Persönlichkeiten des Widerstandes heimisch waren: »Nach Dresden hatte der General Lindemann seine Verbindungen, hier lebte Sierks, der mit Lindemann bekannt war und zugleich in der Bewegung Freies Deutschland mitarbeitete. Vielleicht ließe sich hier in Verbindung mit der Militärakademie[28] etwas machen. Schließlich wäre auch Potsdam der Erwägung wert. Dabei müsste ein Stauffenberg-Denkmal hier die unmittelbare Konfrontation mit dem reaktionären ›Geist von Potsdam‹ zum Ausdruck bringen. Nach Potsdam reichten damals sehr viele Verbindungen der Verschwörer, einmal militärische über das Regiment 9 (IR 9), dann die zivilen über den Sozialdemokraten Hermann Maaß [...].«[29]

Leipzig kam wegen Karl Goerdeler und dessen DDR-feindlichen Würdigung durch den konservativen westdeutschen Historiker Gerhard Ritter[30] nicht in Frage, und leider lägen überhaupt jene Stätten, wie Finker noch einräumte, die mit den »fortschrittlichen Kräften des 20. Juli besonders zusammenhängen, nicht auf dem Territorium der DDR«. Mit Stauffenbergs Leben hätten Stuttgart und Bamberg vor allem zu tun. Die Bendlerstraße befand sich in Westberlin, Moltkes Gut Kreisau und die »Wolfsschanze« lagen in Polen.[31] Hätte sich ein konkreter Stauffenberg-Ort auf dem Gebiet der DDR befunden, so wäre eine geschichtspolitische Instrumentalisierung durch den SED-Staat wahrscheinlich gewesen – als fortschrittlicher Militär und Antifaschist, als Urahne der preußischen Reformer, als Freund des Friedens und der Sowjetunion.

In den Schlussbemerkungen seines Stauffenberg-Buches (6. Aufl. 1984) verwies Finker noch einmal dezidiert auf die Kontaktaufnahme mit Führern der KPD und ein zumindest »aufmerksames Beobachten der Tätigkeit des NKFD«, auf Ähnlichkeiten in den Anschauungen mithin. Ganz locker wird wieder aus dem Gestapobericht (Kaltenbrunner-Berichte) zitiert, weil hier

---

28 Militärakademie der NVA »Friedrich Engels« (gegr. 1959).

29 Bundesarchiv Berlin: Nachlass Kurt Finker, Manuskript einer Autobiografie, S. 229f.

30 Gerhard Ritter: *Goerdeler und die deutsche Widerstandsbewegung.* Stuttgart 1954; vgl. Ulrich von Hehl: *Der Leipziger Oberbürgermeister Carl Friedrich Goerdeler im Streit der Meinungen,* in: *Historisch-Politische Mitteilungen* 20 (2013), Heft 1, S. 17–36.

31 Bundesarchiv Berlin: Nachlass Kurt Finker, Manuskript einer Autobiografie, S. 230.

mit Blick auf die Verschwörer gleichsam die eigene Bewertung bestätigend »von einer gleichen Gesinnung und Denkart diesseits und jenseits der Ostfront« die Rede war.

Und so wäre Stauffenberg dann tatsächlich »kein Mann für Bonn«. Aber auch für Ostberlin blieb der adelsstolze, elitäre, romantische Graf, der auf »naturgegebene Ränge« schwor, eine schwierige Erbschaft; bewundert zwar für seinen Mut, den Tyrannen töten zu wollen und sich selbst dabei zu opfern, aber, wo nicht als *Klassenfeind* verpönt, so doch allenfalls als ein temporär Verbündeter der Arbeiterklasse akzeptiert. Gleichwohl hat Kurt Finkers biografische Detailarbeit Stauffenberg und den Männern und Frauen des 20. Juli Gerechtigkeit widerfahren lassen, auch und vor allen im kommunistischen Osten des geteilten Deutschlands. Der Zuspruch unterhalb ideologischer Kritik war überwältigend. Finkers Arbeit hat so mitgeholfen, nach dem ersten Vergessen im »Chaos des ausbrennenden Kriegs« und danach in der Wiederaufbauphase, der großen und kleinen Wirtschaftswunder in West und Ost, die »Gleichgültigkeit der Nation« zu überwinden. Golo Mann hatte wohl recht, als er 1958, neun Jahre vor Erscheinen des *ostdeutschen Stauffenbergs*, in seiner *Deutschen Geschichte* zudem feststellte: »Unwillkommen war die Erinnerung daran auch im Saus und Braus des wirtschaftlichen Wiederaufstieges [...]. Straßen sind wohl nach den Männern des zwanzigsten Juli benannt, aber wer kann heute auch nur sagen, wer das war, nach dem sie benannt sind. Die Gleichgültigkeit der Nation erwürgte die Lebenden und vergaß die Toten.«[32] Heute gilt das vielleicht auch noch, nur umgekehrt.

[32] Golo Mann: *Deutsche Geschichte des 19. und 20. Jahrhunderts*. Frankfurt/M 1958, S. 955.

Thomas Kubetzky

Erwin Rommel und der militärische Widerstand – ein Mythos der Nachkriegszeit?

Wenn über den militärischen Widerstand gegen Hitler gesprochen wird, fällt, so die Beobachtung, zumeist als erstes der Name Claus Schenk Graf von Stauffenbergs, der mit dem Attentat auf Hitler am 20. Juli 1944 verbunden ist. [1]

Darüber hinaus ist zu konstatieren, dass weitere Namen aus der Gruppe der Offiziere um Stauffenberg oder gar Namen von Mitgliedern des Kreisauer Kreises, der sich ja teilweise personell mit der Personengruppe des »20. Juli« überschnitt, kaum oder gar nicht in der Öffentlichkeit genannt werden.

Die hohe Bekanntheit Stauffenbergs rührt sicherlich daher, dass er es war, der letztlich das Attentat auf Hitler durchführte. Weiter dürfte dazu auch die mehrfache Verfilmung des Attentats und dessen Vorgeschichte nicht unwesentlich beigetragen haben – am prominentesten wohl in der durchaus kontrovers diskutierten Tom Cruise–Version von 2008. [2]

Als subjektiver Eindruck kann daher festgehalten werden, dass andere Beteiligte am Attentat und an den Vor– und Nachplanungen heute in der Öffentlichkeit weitgehend unbekannt sind.

Doch stimmt dies nicht ganz. Meiner Beobachtung nach wird nämlich beim Thema »Militärischer Widerstand« oft zumindest noch ein weiterer Name genannt: Erwin Rommel.

Die Fragen, die sich bei dieser Nennung stellen, sind: ist das überraschend? Und: stimmt das überhaupt? Welche Rolle also spielte Erwin Rommel, wenn überhaupt, im »Militärischen Widerstand« und wie kam er da hinein?

Natürlich haben diese Fragen einerseits etwas mit der Rezeption der Ereignisse des 20. Juli nach 1945 und mit der Rezeption der Person Erwin Rommels nicht nur in der westdeutschen Nachkriegszeit zu tun.

---

[1] Der Aufsatz ist die Textversion eines Vortrags, den der Autor am 19.07.2019 im Rahmen der Tagung *Verdrängen – Vergessen – Rehabilitierung. 75 Jahre Attentat auf Hitler am 20. Juli 1944 – Aspekte der Rezeption* am IBRG gehalten hat. Der Text wurde für den Druck lediglich um einige bibliographische Angaben ergänzt, um den Vortragscharakter zu erhalten.

[2] *Operation Walküre – Das Stauffenberg–Attentat* (Original *Valkyrie*), 20th Century Fox 120 Min., Regie Bryan Singer 2008.

Mein Anliegen ist es, diesen soeben genannten Fragenkomplex etwas näher zu beleuchten: Was ist dran am Widerstand Erwin Rommels? Woher kommt die Zuordnung seiner Person zum »Militärischen Widerstand«? Was sagt die Forschung?

Diese Fragen führen im Grunde zurück in die Geschichte der Erinnerungskultur der bundesdeutschen Nachkriegsgesellschaft. Denn das »Faszinosum Rommel«, wie der Historiker Peter Lieb es 2013 formulierte, »wirkt bis zum heutigen Tag«. [3]

Das verweist darauf, dass bis in die Gegenwart hinein immer wieder über die Deutung von Rommels Person und seiner Rolle im militärischen Widerstand des sogenannten »Dritten Reiches« teilweise heftig diskutiert wurde. Diese Beobachtung konnte nicht zuletzt vor einigen Jahren gemacht werden, als die ARD einen abendfüllenden Fernsehfilm zu Erwin Rommel und eine den Film begleitende Dokumentation produzierte. [4] Im Vorfeld der Filmausstrahlung entwickelte sich eine Kontroverse um die Bewertung Rommels in Bezug auf den militärischen Widerstand gegen Hitler. [5]

Der Regisseur Nikki Stein hatte sich entschieden, Erwin Rommel nicht als Widerstandskämpfer gegen das nationalsozialistische Regime darzustellen, sondern das Drehbuch konzentrierte sich auf den sich langsam vollziehenden Einstellungswandel des Generals. Er wolle, so der Regisseur, nicht »an der Legende des Widerstandskämpfers Rommel weiterspinnen«. [6]

Dies wiederum war für die Familie Rommels Anlass, sich öffentlich über die Darstellung des Weltkriegsgenerals zu beschweren. Der Kern des Protests bestand darin, dass der Film der Persönlichkeit Rommels nicht gerecht würde und dass Rommel eben nicht ein reiner »Günstling Hitlers« oder ein »Emporkömmling« gewesen sei, der vom Regime profitiert habe. [7]

---

3   Peter Lieb: *Erwin Rommel. Widerstandskämpfer oder Nationalsozialist?*, in: VfZ 3 (2013), S. 343, hier S. 305.

4   *Rommel*. Fernsehfilm der ARD (SWR) 117 Min., Regie Nikki Stein, 2012.

5   Vgl. Lieb: *Rommel* (wie Anm. 3), S. 303.

6   Alexander Wendt (u.a.): *Historiker–Schlacht um Rommel*, in: *Focus* 44 (2011)2011 [https:// www.focus.de/wissen/mensch/geschichte/tid-24256/kultur-und-leben-medien-historiker-schlacht-um-rommel_aid_679480.html], abgerufen 20.08.2020.

7   Zur Kritik der Familie: *Familie geißelt »Lügen« in Rommel–Verfilmung*, in: *Die Welt* 19.11.2011 [https://www.welt.de/kultur/history/article13613407/Familie-geisselt-Luegen-in-Rommel-Verfilmung.html], abgerufen 20.08.2020.

Auch von Seiten der Wissenschaft wurde Kritik laut. So kritisierte Cornelia Hecht, Mitarbeiterin des Hauses der Geschichte Baden-Württemberg und Kuratorin der 2008/2009 dort gezeigten Ausstellung *Mythos Rommel*, in einem Zeitungsinterview: Das Drehbuch sei zu quellenfern und Rommels langwierige Entwicklung vom Hitler-Befürworter zum Gegner würde nur verkürzt und unzulänglich wiedergegeben. Insgesamt falle das Drehbuch »hinter das zurück […], was die Wissenschaft an Erkenntnissen über Rommel und den Widerstand« erarbeitet habe. [8]

Konsequenterweise beendete sie in der Folge ihre Tätigkeit als Beraterin bei dem Filmprojekt. Stattdessen begutachtete sie anschließend im Auftrag der Rommel-Familie das Filmdrehbuch, bis die Produktionsfirma dagegen einschritt, da sie damit gegen die zuvor eingegangene vertragliche Verschwiegenheitsklausel verstoßen hatte. [9]

Die sich daraus entwickelnde Kontroverse um Rommels Haltung zum Widerstand führte dazu, dass für den ARD-Film über den deutschen General nicht weniger als sechs Drehbuchversionen entstanden, in denen stets versucht wurde, diese Kontroverse abzuarbeiten. Der Regisseur Nikki Stein entschied sich dafür, Rommels Anteil am militärischen Widerstand nicht zu betonen, sondern legte den Schwerpunkt mehr auf den inneren Ablösungsprozess von Hitler. Auf diese Entscheidung hin folgte dann die öffentliche Kritik am Film. [10]

Für das Thema dieser Tagung bedeutet dies, dass auch nach 75 Jahren ganz offensichtlich das Thema Rommel und militärischer Widerstand in der öffentlichen Wahrnehmung nicht abschließend geklärt worden ist. Das zeigt sich auch an einem Konflikt, der sich vor gut drei Jahren in Celle entwickelt hatte.

Hier schwelte Ende 2015/Anfang 2016 ein Streit um die Umbenennung verschiedener Straßen im Stadtgebiet, bei dem auch der Name Rommel eine Rolle spielte. [11] Die Stadt Celle hatte bereits 2010 einen Historiker beauftragt, in einem Gutachten zu untersuchen, welche Straßen in Celle nach Personen benannt sind, die eine problematische NS-Vergangenheit aufweisen. [12] Unter

---

8 Wendt (u.a.): *Historiker Schlacht* (wie Anm. 6).

9 Vgl. Wolfgang Proske: *Zwischen Nibelungentreue und besserem Wissen. Ein Fernsehspielfilm über Erwin Rommel sorgt für Disput*, in: *ZfG* 60 (2012), S. 843–852, hier S. 850.

10 Proske: *Nibelungentreue* (wie Anm. 9), S. 861; vgl. weiter Wendt: *Historiker-Schlacht* (wie Anm. 6).

11 Michael Ende: *Rommel ist am Mittwoch Thema im Ortsrat Klein-Hehlen*, in: *Cellesche Zeitung* 17.03.2015 [https://www.cellesche-zeitung.de/Celle/Aus-der-Stadt/Celle-Ortsteile/Rommel-ist-am-Mittwoch-Thema-im-Ortsrat-Klein-Hehlen], abgerufen 20.08.2020.

anderem wurden in dem Gutachten vom November 2010 auch Namen aus dem, ich nenne es mal so, »Widerstandsviertel« zur Diskussion gestellt: Neben der Stauffenberg–Straße, der Leber– und der Bonhoeffer–Straße, oder der Geschwister–Scholl–Straße gibt es dort nämlich auch eine Rommelstraße und eine Stülpnagel–Straße.

Schon 2010 gab es, wie bei solchen Vorgängen fast schon üblich, erregte Diskussionen um die im Gutachten enthaltene Personenliste und die möglicherweise zu ziehenden Konsequenzen. Dabei stand allerdings nicht so sehr die Person Erwin Rommels im Vordergrund, sondern eher Persönlichkeiten der Celler Lokalhistorie. [13]

Zu Rommel konstatierte das Gutachten, die Beweggründe für eine Straßenbenennung seien unersichtlich. Er sei nicht dem militärischen Widerstand hinzuzurechnen, sondern »zeitlebens in maßgeblichen Positionen loyale[r] Anhänger Hitlers« geblieben. Ferner sei er »im Herbst 1943 in Italien auf hoher Ebene mitverantwortlich für die Umsetzung verbrecherischer Befehle« gewesen. [14]

Nachdem sich die erste hektische Debatte gelegt hatte, tauchte Rommels Name in diesem Zusammenhang erst wieder einige Jahre später auf. Der zuständige Ortsrat, in dessen Zuständigkeitsbereich sich die besagte Straße befindet, hatte nämlich beschlossen, keine Umbenennung in Erwägung zu ziehen. [15] Dieser Beschluss löste seinerseits Empörung bei den Stadtoberen aus, die durch diese Ortsratsentscheidung »einen erheblichen Schaden für die

---

[12] Gabriele Schulte: *Celle ringt bei Straßennamen um Umgang mit Nazi-Größen*, in: *HAZ* 08.12.2010 [https://www.haz.de/Nachrichten/Politik/Niedersachsen/Celle-ringt-bei-Strassennamen-um-Umgang-mit-Nazi-Groessen], abgerufen 20.08.2020. Das Gutachten ist online abrufbar: Bernhard Strebel: *»Es ist nicht ganz einerlei, wie die Straße heißt, in der man wohnt«. Straßennamen in Celle und personelle Verbindungen mit dem Nationalsozialismus.* Hannover 2020 [https://www.celle.de/PDF/Abschlussbericht_von_Dr_Strebel_Stra%C3%9Fennamen_Celle_aktualisierte_Fassung_vom_30_11_2010_.PDF?ObjSvrID=342&ObjID=17458&ObjLa=1&Ext=PDF&WTR=1&_ts=1566815985], abgerufen 20.08.2020. Erwin Rommel wird dort auf S. 17 behandelt.

[13] Dazu Strebel: *Straßennamen* (wie Anm. 12), S. 28–54. Ferner: Schulte: *Straßennamen* (wie Anm. 12) und Oliver Gatz: *Rat ändert Straßennamen*, in: *Cellesche Zeitung* 24.11.2015 [https://web.archive.org/web/20151207094040/http://www.cellesche-zeitung.de/website.php/website/story/174797], abgerufen 20.08.2020.

[14] Strebel: *Straßennamen* (wie Anm. 12), S. 98.

[15] Michael Ende: *Ortsrat Klein–Hehlen steht zu Rommel & Co*, in: *Cellesche Zeitung* 19.03.2015 [https://www.cellesche-zeitung.de/Celle/Aus-der-Stadt/Celle-Ortsteile/Ortsrat-Klein-Hehlen-steht-zu-Rommel-Co], abgerufen 20.08.2020.

Stadt« befürchteten. [16] In der Folge entspann sich eine sich im Wesentlichen an Parteigrenzen orientierende Diskussion um diese Entscheidung, die uns an dieser Stelle nicht weiter interessieren soll. Fazit ist: Die Straße trägt immer noch Rommels Namen.

Auch im Sommer 2020 ist Rommel Thema geschichtspolitischer Diskussionen. In seinem Geburtsort Heidenheim existiert seit den frühen 1960er Jahren ein Gedenkstein, der an den Wehrmachtsgeneral erinnern soll. Schon seit Jahren ist dieses Monument lokal und überregional umstritten; immer wieder wurden und werden Stimmen mit der Forderung laut, den Stein zu entfernen. Im Juli 2020 wurde schließlich für die Frage ein Kompromiss gefunden. Von einem lokalen Künstler wurde das Denkmal um eine Skulptur ergänzt. Das Schattenbild eines Landminenopfers fällt nun auf den Gedenkstein und soll damit an die Opfer des Zweiten Weltkriegs und seiner Folgen vor allem in Nordafrika erinnern. Zusätzlich wurde eine Webseite ins Leben gerufen, auf der Informationen zur Person Rommels, dem Denkmal und der kritischen Auseinandersetzung damit abrufbar sind. [17]

Diese Beispiele aus der überregionalen und der lokalen Ebene zeigen deutlich, dass Diskussionen um die Einordnung der Person Erwin Rommel in Bezug auf den militärischen Widerstand im Nationalsozialismus fast jederzeit entstehen und zumindest kurzlebig, aber heftig sein können.

Doch woher kommt dieses offenkundig langanhaltende Interesse bzw. das Konfliktpotential? Hier ist ein Blick zurück in die Geschichte zu werfen. Einerseits sollte zunächst in die Zeit des Nationalsozialismus geschaut werden, um möglichen oder unmöglichen Beteiligungen Erwin Rommels am militärischen Widerstand gegen Hitler, Wissen oder Nichtwissen über Planungen oder gar eigenen Widerstandsgedanken anhand von Quellen nachzuspüren.

Andererseits ist auch ein Blick in die westdeutsche, bundesrepublikanische Nachkriegszeit notwendig, um anhand der sich in der Bonner Republik entwickelnden Widerstandsrezeption gerade in Bezug auf den »20. Juli 1944« nach Spuren Rommels zu suchen.

---

[16] Vgl. Gunther Meinrenken: *Nazi–Namen für Straßen: CDU kritisiert Mende*, in: *Cellesche Zeitung* 23.03.2015 [https://www.cellesche-zeitung.de/Celle/Aus-der-Stadt/Celle-Stadt/Nazi-Namen-fuer-Celler-Strassen-CDU-kritisiert-Mende], abgerufen 20.08.2020.

[17] Claudia Henzler: *Auf Rommels Denkmal fällt nun ein Schatten*, in: *SZ* 23.07.2020 [https://www.sueddeutsche.de/politik/rommel-denkmal-heidenheim-skulptur-minen-1.4976941]; Webseite zum Rommel–Denkmal: [https://www.rommel-denkmal.de/], beide URL abgerufen am 20.08.2020.

Kommen wir also zunächst zur Frage, was man aus zeitgenössischen Quellen über das Verhältnis Erwin Rommels zum militärischen Widerstand entnehmen kann. Schon ein kurzer Blick lässt sich folgendermaßen zusammenfassen: die Quellenlage ist ziemlich lückenhaft.

Bevor ich darauf näher eingehe, werde ich zum besseren Verständnis kurz die Biographie Erwin Rommels betrachten. [18] Im Ersten Weltkrieg kämpfte Erwin Rommel an verschiedenen Fronten, u.a. in Rumänien und in den Alpen. Herausragend war hier der Einsatz am Monte Matajur, an der heutigen italienisch–slowenischen Grenze. Die Erstürmung dieser italienischen Stellung brachte Rommel den Orden Pour le Mérite ein, er war damit einer von nur elf Kompanieführern, die diese hohe Auszeichnung erhielten.

Seine Erfahrungen verarbeitete Rommel Mitte der 1930er Jahre in seinem Buch *Infanterie greift an* [19], das zu einem Klassiker der militärischen Ausbildungsliteratur wurde und ihn bekannt machte.

In der Zeit des Weimarer 100.000–Mann–Heeres war er u.a. Lehrer an verschiedenen Militärschulen. Insgesamt stagnierte seine Karriere allerdings. Erst die Veröffentlichung seines Buches, das Hitler gelesen haben soll, eröffnete neue Karrierewege: Im Oktober 1938 und im Frühjahr 1939 war er Kommandeur des sogenannten »Führerbegleitkommandos« und damit in unmittelbarer Nähe Hitlers. Beim Angriff auf Polen bekleidete Rommel ebenfalls diesen exponierten Posten als Kommandeur von Hitlers Begleitkommando und kam damit an das Zentrum der Macht heran.

Hier kann man auch erkennen, dass Rommel offensichtlich Sympathien für Hitler entwickelte und eine Art persönliche Bindung seinerseits an den Diktator entstand. Auch bei der nationalsozialistischen Ideologie fand Rommel Anknüpfungspunkte: Der »Führerkult« und das Prinzip der »Volksgemeinschaft« waren ihm offenbar sympathisch. Die Nähe zu Hitler zahlte sich für Rommel aus: Auf persönlichen Wunsch des Diktators erhielt Rommel im Frankreich–Feldzug ein eigenes Kommando über eine Panzerdivision. Ein steiler Karriereschub.

---

[18] Zu Erwin Rommel sind über die Jahre viele Biographien erschienen. Der Kürze halber möchte ich allerdings nur auf eine der jüngsten Monographien verweisen: Ralf Georg Reuth: *Erwin Rommel. Das Ende einer Legende*. München 2012. Vgl. auch den kurzen biographischen Abriss bei Lieb: *Rommel*, S. 305–313.

[19] Erwin Rommel: *Infanterie greift an*. Potsdam 1937.

Durch seine unkonventionelle und forsche Vorgehensweise war Rommel bald bekannt, wenn auch bei den Militärstrategen im OKW nicht sonderlich beliebt. Den Höhepunkt seiner Karriere erreichte Erwin Rommel sicherlich durch sein Kommando auf dem afrikanischen Kriegsschauplatz. Hier wurde er zu dem Propagandageneral des »Dritten Reiches«, Wochenschauen und Zeitungen inszenierten den »handelnden General«, der stets bei seiner Truppe in vorderster Front agierte. Rommel spielte dieses Spiel nicht nur mit, sondern er tat selbst alles, um sich ins rechte Bild zu setzen – auch dies gefiel nicht jedem seiner Generalskollegen im OKW. [20]

Einige Monate nach der Niederlage bei El Alamein wurde Rommel im März 1943 aus Afrika abgezogen und verschwand für einige Zeit aus der Öffentlichkeit. Erst Ende 1943 wurde er in Norditalien eingesetzt, um dann zum Jahreswechsel 1944 an die französische Atlantikküste versetzt zu werden, wo er den Ausbau des sogenannten Westwalls beaufsichtigen und die erwartete Invasion der Alliierten aufhalten sollte.

Hier wurde er im Juli 1944 bei einem Luftangriff schwer verletzt. Am 14. Oktober wurde Erwin Rommel schließlich zum Selbstmord gezwungen, da er nach Überzeugung der NS–Führung am Attentat auf Hitler am 20. Juli 1944 beteiligt war.

Fragt man nun danach, in welcher Weise Erwin Rommel Teil des militärischen Widerstands gegen Hitler war, muss man feststellen, dass die Quellenlage zur Frage seiner Beteiligung insgesamt lückenhaft und teilweise auch widersprüchlich ist. Rommels Rolle im Umfeld der Attentatsvorbereitungen sind bis heute umstritten. Ein wesentliches Problem ist, dass es kaum persönliche Aufzeichnungen Rommels aus dem Jahr 1944 gibt. Zudem sind wichtige Verhörprotokolle der Gestapo, die aufschlussreich sein könnten, nicht überliefert. [21]

Erste Zweifel Rommels an der Person Hitlers und an dessen »Führernimbus« scheinen im Verlaufe der Kämpfe bei El Alamein aufgetreten zu sein. Hitler hatte einen unbedingten Durchhaltebefehl erlassen, dem Rommel sich widersetzte, indem er seine Truppe zurückzog. In der folgenden Zeit besserte sich Rommels Verhältnis zum Diktator offenbar etwas. Er sprach nicht nur wieder

---

[20] Vgl. dazu Thomas Kubetzky: »*The Mask of Command*«. *Bernhard L. Montgomery, George S. Patton und Erwin Rommel in der Kriegsberichterstattung des Zweiten Weltkriegs, 1941–1944/45*. Münster 2010.

[21] Dazu im Überblick Lieb: *Rommel* (wie Anm. 3), S. 331.

positiver über Hitler, sondern er unterschrieb im März 1944, wie alle anderen Generalfeldmarschälle, ein Treuegelöbnis – ihm wäre allerdings wohl auch nichts anderes übriggeblieben. [22] Dennoch war das einstige Verhältnis offenkundig nicht vollständig wiederhergestellt. Dies fiel auch dem Propagandaminister auf, der im Juni 1944 in seinem Tagebuch notierte, dass er Rommel für den falschen Mann im Westen halte, da er vom Afrikafeldzug noch »stark mitgenommen« sei. [23]

Um diese Zeit sind auch Gespräche zwischen Rommel und Vizeadmiral Friedrich Ruge überliefert, in dem Rommel Kriegsverbrechen – er sprach von »Abschlachtungen« – ansprach. [24] Gleichzeitig hatte Erwin Rommel in einem Memorandum Mitte Juli seine Einschätzung der Lage im Westen formuliert, wobei er »Folgerungen« aus der prekären militärischen Lage anmahnte – für einen hochrangigen Wehrmachtsgeneral zu dieser Zeit schon sehr ungewöhnlich.

Dieses Memorandum jedenfalls war eine Provokation für Hitler, zeigt aber, wie einige andere verstreute Hinweise, dass Rommel vermutlich zumindest im Westen auch politische Folgerungen aus der aus seiner Sicht unabwendbaren Niederlage zu ziehen gedachte. Dies deutete er beispielsweise auch in einem Brief an seine Frau gut eine Woche nach der Invasion an. Andere, nach dem Attentatsversuch entstandene, Quellen sind in Bezug auf die Frage nach Rommels Kontakten mit der Widerstandsgruppe mit Vorsicht zu verwenden. [25]

Bekannt ist natürlich, dass Cäsar von Hofacker, der zum engeren Kreis der Widerständler zählte, mit Rommel über Attentatsvorbereitungen gesprochen hatte, auch wenn nicht mehr zu klären ist, was konkret besprochen wurde. Hofacker hatte aber z.B. gegenüber Stauffenberg erwähnt, er habe Rommel für die Sache gewonnen. Die Verhörprotokolle der Gestapo im Falle Hofackers sind verschollen, so dass hier keine weiteren Informationen zu erhalten sind.

Andere Quellen, wie die sogenannten »Kaltenbrunner–Berichte«, in denen Rommels Name nicht auftaucht, eine Tagebuchnotiz Joseph Goebbels von Anfang September 1944 oder Aktennotizen Martin Bormanns sind wenig ergiebig, da hier teilweise Überlieferungsverluste zu verzeichnen sind und es zudem unklar ist, woher im Einzelnen die Informationen über eine mögliche Beteiligung Erwin Rommels an den Attentatsplänen stammten.

---

[22] Lieb: *Rommel* (wie Anm. 3), S. 331f.

[23] Hartmut Mehringer (Hrsg.): *Die Tagebücher von Joseph Goebbels*. Teil II Diktate 1941–1945 Band 12 April–Juni 1944. München [u.a.] 1995; Eintrag vom 29.06.1944, S. 567.

[24] Lieb: *Rommel* (wie Anm. 3), S. 333.

[25] Für die folgenden Ausführungen vgl. Lieb: *Rommel* (wie Anm. 3), S. 334–342. Dazu kürzer: Proske, *Nibelungentreue* (wie Anm. 9), S. 849–851.

Dennoch sind einige Historiker, wie Peter Lieb oder Sönke Neitzel, der Auffassung, es gäbe Belege für einen sich langsam aber kontinuierlich entwickelnden »Seitenwechsel« Rommels. Neben den genannten Quellenbeständen und Aufzeichnungsfragmenten anderer Widerständler – etwa des Stuttgarter Oberbürgermeisters Karl Strölin oder Carl Goerdelers, wird sich auf einen Quellenbestand gestützt, der 2005 von Sönke Neitzel ediert wurde: britische Abhörprotokolle, die im Sommer 1944 im Offiziersgefangenenlager Trent Park entstanden. [26]

Die Schlüsselaussage stammt von General Heinrich Eberbach, der unter Rommels Oberkommando in der Normandie diente: Rommel habe mit ihm darüber gesprochen, Hitler und seine Führungsriege umzubringen und habe sich auch über eine »Revolution gegen Hitler« geäußert. [27]

Dies ist der, in aller Kürze zusammengefasste, Blick auf die Quellenbasis für die Behandlung der Ausgangsfrage. Wie werden die einzelnen Aspekte nun in der Geschichtswissenschaft diskutiert?

Die genannten Äußerungen Eberbachs in den britischen Abhörprotokollen liefern, so eine gängige Ansicht, zwar keinen endgültigen Beweis für Rommels Unterstützung des Attentates, doch sind sie aus der Sicht des Historikers Peter Lieb als »aussagekräftige Indizien« zu bewerten. [28]

Vorsichtiger bewertet Sönke Neitzel diese Protokolle: die Überlieferung sei »problematisch« und lasse »keine eindeutigen Schlüsse zu«, sie lieferten »nur Indizien und keinen endgültigen Beweis«. Damit argumentiert Neitzel bedeutend vorsichtiger als Peter Lieb, zumal Neitzel zusätzlich betont, dass es sich bei den Abhörprotokollen um Sekundärquellen handelt. [29] Also, auch hier eine wenig eindeutige Indizienlage für die Frage nach der Beteiligung Rommels am Widerstand.

Nach allgemeiner Ansicht der meisten Fachhistoriker war überdies die Frage nach Rommels Beteiligung am Widerstand sowieso im Wesentlichen entschieden. Wenn überhaupt, so der Konsens, konnte man ihm allenfalls kurz vor seinem erzwungenen Tod eine Nähe zum Widerstand attestieren. [30]

---

[26] Sönke Neitzel: *Abgehört. Deutsche Generäle in britischer Kriegsgefangenschaft 1942–1945.* Berlin 2005.

[27] Neitzel: *Abgehört* (wie Anm. 26) S. 61f und 157.

[28] Lieb: *Rommel* (wie Anm. 3), S. 337.

[29] Zu der Diskussion vgl. Proske: *Nibelungentreue* (wie Anm. 9), S. 851.

[30] Proske: *Nibelungentreue* (wie Anm. 9), S. 845.

Diese Auffassung stellt eigentlich bis heute die gängige Lehrmeinung dar. Sie wird auch von wesentlichen Vertretern der – ich nenne es mal so – Widerstandsforschung geteilt. Peter Hoffmann rückt Rommel zumindest in den erweiterten Umkreis des Widerstands, während sein Kollege Peter Steinbach den Eintrag zu Erwin Rommel aus dem Standardwerk *Lexikon des Widerstands* entfernt hat. [31]

Und der Historiker Wolfgang Proske resümierte in der *Zeitschrift für Geschichtswissenschaft* von 2012 scharf, »dass er [Rommel] sich letzten Endes von Hitler und dem Nationalsozialismus nie zu lösen vermochte. Im Gegenteil glaubte Rommel bis in den Tod, dem Deutschen Reich durch Treue gegenüber seinem Führer am besten zu dienen.« [32]

Auch in der öffentlichen Diskussion zum von mir bereits erwähnten ARD–Film wurde diese Deutung der Quellen, wenn ich es richtig sehe, nicht wesentlich umgestoßen: In der FAZ schrieb Frank Schirrmacher: »Was immer Rommel in seinem Herzen trug, keine seiner Handlungen macht ihn zum Protagonisten des Widerstands«. [33]

Diese Ansicht teilt Peter Lieb in seinem 2013 erschienenen Beitrag in den *Vierteljahresheften zur Zeitgeschichte* nicht. Er teilt den militärischen Widerstand in drei Personenkreise ein: Der erste sehr kleine Kreis sei unmittelbar mit Planung und Durchführung des Attentats befasst gewesen, der zweite nicht viel größere Personenkreis wäre in die Pläne eingeweiht und der dritte größere Kreis, zu dem Lieb ebenfalls Rommel zählt, sei darüber informiert gewesen, dass ein Umsturz geplant werde, wobei offen geblieben sei, inwiefern Hitler auch getötet werden sollte. Lieb schlussfolgert daraus: »Man muss ihm [Rommel] also einen festen Platz im militärischen Widerstand gegen den Nationalsozialismus zugestehen – und zwar in stärkerem Maße, als dies in der Geschichtswissenschaft und in der Öffentlichkeit in letzterer Zeit der Fall war.« [34]

---

[31] Lieb: *Rommel* (wie Anm. 3), S. 331. Dazu auch Proske, *Nibelungentreue* (wie Anm. 9), S. 848.

[32] Proske: *Nibelungentreue* (wie Anm. 9), S. 849.

[33] Frank Schirrmacher: *Um einen Rommel von innen bittend?*, in: *FAZ* 19.09.2011 [https://www.faz.net/aktuell/feuilleton/fernsehen/umstrittenes-filmprojekt-um-einen-rommel-von-innen-bittend-11289974.html?printPagedArticle=true#pageIndex_2], abgerufen 20.08.2020.

[34] Lieb, *Rommel* (wie Anm. 3), S. 342, Zitat auf S. 343.

Diese Feststellung wirft die Frage auf, ob man nun von einer skeptischen Beurteilung Rommels wieder zu einer Position gelangt, die Rommel als Teil des militärischen Widerstands ansieht. Dazu ist allerdings zunächst darauf hinzuweisen, dass die hier kurz geschilderten Fachdiskussionen in der populärgeschichtlich interessierten Öffentlichkeit wenig bis gar nicht angekommen sind. Hier scheint immer noch ein seit der frühen Bundesrepublik bestehendes Bild Rommels zu wirken. Dieses Rommelbild kann durchaus als Mythos bezeichnet werden. [35]

Entstanden ist dieses Bild einerseits bereits zu Rommels Lebzeiten [36] – Stichwort »Propagandageneral« und britische Rezeption – aber andererseits auch in der Nachkriegszeit. Hier sorgte eine Reihe von Memoiren, allen voran Hans Speidels 1949 erschienenes Buch *Invasion 1944. Ein Beitrag zu Rommels und des Reiches Schicksal* [37] dafür, dass Rommel in den 1950er Jahren zu einer Art Nationalheros des deutschen Volkes erhoben wurde. Damit wurde er auch zum Bestandteil einer politischen Gründungslegende der jungen Bundesrepublik, wie Marc von Lüpke–Schwarz im Begleitband zur Ausstellung *Mythos Rommel* feststellt. So verkörperte Rommel nicht nur eine »saubere Wehrmacht«, sondern auch ein »besseres Deutschland«. [38]

Helmut Krausnick formuliert dies in seiner Miszelle *Erwin Rommel und der Deutsche Widerstand gegen Hitler* im ersten Band der *Vierteljahreshefte für Zeitgeschichte* 1953 eindeutig. Er stützte sich dabei auf Rommels »Biographen« Hans Speidel und auf die Darstellung des ehemaligen Kriegsberichterstatters Lutz Koch von 1950, der Rommel nach seinem Triumph bei Tobruk interviewt hatte. [39]

Krausnick schreibt: »Im Konflikt zwischen seinen Pflichten gegen Hitler und gegen Deutschland hat Rommel sich für sein Volk entschieden« und »von den anderen Männern des 20. Juli unterscheidet ihn im letzten keine abweichen-

---

[35] *Mythos Rommel.* Katalog zur Sonderausstellung, hrsg. vom Haus der Geschichte Baden–Württemberg. Stuttgart 2009, bes. S. 108–141. Ferner der Sammelband *Erwin Rommel. Geschichte und Mythos,* hrsg. vom Haus der Geschichte Baden–Württemberg. Karlsruhe 2009.

[36] Dazu Kubetzky (wie Anm. 20).

[37] Hans Speidel: *Invasion 1944. Ein Beitrag zu Rommels und des Reiches Schicksal.* Frankfurt am Main 1949.

[38] Marc von Lüpke–Schwarz: *Der »Nationalheros« des deutschen Volkes. Hans Speidel und der »Mythos Rommel«,* in: Haus der Geschichte Baden–Württemberg: *Rommel* (wie Anm. 35), S. 152–173.

[39] Lutz Koch: *Erwin Rommel. Die Wandlung eines großen Soldaten.* Stuttgart 1950.

de innere Haltung, sondern allenfalls der Zeitpunkt seiner Erkenntnis und die Frage der Form der Ausschaltung Hitlers als Person. Eben weil aber, wie einer seiner Biographen [d.i. Lutz Koch, TK] sagt, unter den Marschällen und Generalen des Dritten Reiches wohl keiner um die Erhaltung und Rechtfertigung ›seiner‹ Welt tiefer gerungen und gelitten hat als Rommel, besitzt seine Wandlung umso größeren Wert in sich selbst und für eine noch vielfach irrende Nachwelt.« [40]

Eine ähnliche Sicht wurde nicht zuletzt auch in Teilen vom ehemaligen Gegner gestützt: Die erste Biographie zu Rommel erschien 1950. Deren Autor Desmond Young hatte selbst in Nordafrika gekämpft. [41] Wenig später brachte der bekannte britische Militärhistoriker Basil Liddell Hart aus dem Familiennachlass die »Rommel–Papers« heraus. [42] Zeitgleich, 1951 und 1953, produzierte Hollywood zwei Rommel–Filme, die den Mythos um den deutschen General erweiterten. [43]

Die Informationen aus den zumeist in den 1950er Jahren geschriebenen Sekundär– oder gar Tertiärtexten, sowie Aussagen aus Interviews usw. halten indes heutigen wissenschaftlichen Nachprüfungen kaum stand. Zu offenkundig erscheinen solche Texte als interessengeleitet und instrumentalisierend. Teilweise begegnen diese in ihrem Quellenwert diskussionswürdigen Aussagen auch in späteren Biographien, etwa der von David Irving, von David Fraser oder von Maurice Philip Remy, und konnten sich so recht lange im öffentlichen Bewusstsein halten. [44]

Die relative Diskrepanz zwischen diesem populären, mythischen Bild des Widerstandskämpfers Rommel, das wie gezeigt, auch eng mit der bundesrepublikanischen Identitätsgeschichte verbunden ist, steht damit quer zum allgemeinen Konsens in der Geschichtswissenschaft, die Rommels Beitrag zum Widerstand eher kritisch beurteilt.

---

[40] Hermann Krausnick: *Erwin Rommel und der deutsche Widerstand gegen Hitler*, in: *VfZ* 1 (1953), S. 65–70, hier S. 70.

[41] Desmond Young: *Rommel*. Wiesbaden 1950.

[42] Basil H. Liddell Hart (Hrsg.): *The Rommel Papers*. London 1953.

[43] Dazu Cornelia Hecht: *Desert Fox. Der »Wüstenfuchs« als Filmstar und Integrationsfigur*, in: Haus der Geschichte Baden–Württemberg: *Mythos* (wie Anm. 35), S. 111–123.

[44] David Irving: *Rommel. Eine Biographie*. Hamburg 1978; David Fraser: *Rommel, die Biographie*. Berlin 2000; Maurice Philip Remy: *Mythos Rommel*. 2. Aufl. München 2002.

[45] Siehe Lieb: *Rommel* (wie Anm. 3).

So würde ich persönlich letztlich nicht ganz so weit in der Interpretation gehen, wie Peter Lieb es tut, wenn er Rommel deutlich im Widerstand verortet. [45] Ich würde eher der Linie von Wolfgang Proske oder Peter Steinbachs folgen. Dieser betonte in einem Kommentar zum ARD–Film: »Rommels Dilemma bestand darin, dass er sich nicht entscheiden konnte, weder für noch gegen die Männer des 20. Juli. Er zerbrach in diesem Fall an seinen eigenen Zweifeln«. [46]

[46] Peter Steinbach zitiert in: Helmut Böger [u.a.]: *Mythos Erwin Rommel. Wer war der populärste General der Wehrmacht?*, in *BILD* 25.09.2011 [https://www.bild.de/news/inland/erwin-rommel/des-zweifels-general-20132896.bild.html#fromWall], abgerufen 20.08.2020.

Hans–Jürgen Derda

»Verschleppt nach Bad Sachsa« –
Die vergessenen Kinder der Attentäter
des 20. Juli 1944 [1]

Zwischen 12.40 Uhr und 12.50 Uhr explodierte am 20. Juli 1944 die Bombe.
Sie hatte eine bemerkenswerte Sprengkraft und richtete großen Schaden im
ostpreußischen Hauptquartier Adolf Hitlers, in der Wolfsschanze, an. Die
Inneneinrichtung wurde verwüstet, es gab unter den 24 anwesenden Personen
viele Schwerverletzte, vier Personen erlagen ihren schweren Verletzungen.
Doch zwei Personen waren nahezu unverletzt und konnten den Raum in ihren
beschmutzten und zerfetzten Kleidern verlassen: Generalfeldmarschall Wilhelm
Keitel [2] und Adolf Hitler, dem der Anschlag gegolten hatte. Durch den Schutz
einer dicken Bohle, die die schwere Eichentischplatte trug, kam er mit dem
Leben davon. [3] Zu seinem Kammerdiener und »Chef des Persönlichen Dienstes«
Heinz Linge [4] sagte Hitler – wohl aus dem Glück seiner »»wunderbaren Errett-
ung«« [5] – »ruhig und gelassen«, aber »mit einem finsteren Lächeln im Gesicht«:
»»Linge, jemand hat versucht, mich umzubringen««. [6]

---

[1] Der vorliegende Beitrag ist eine überarbeitete Fassung des gleichnamigen Vortrages anläss-
lich des regionalgeschichtlichen Symposiums *Verdrängen – Vergessen – Rehabilitierung.
75 Jahre Attentat auf Hitler am 20. Juli 1944 – Aspekte der Rezeption* im Institut für Braunschweigische Regionalgeschichte und Geschichtsvermittlung, TU Braunschweig, am 19. Juli
2019. Beiträge aus Print, Funk und Fernsehen sowie Arbeiten von Wolfgang Benz, Johannes
Tuchel, Petra Behrens u.a. liegen dem Text zugrunde.

[2] Wilhelm Keitel (1882–1946) stammte aus Helmscherode bei Bad Gandersheim im ehemaligen Herzogtum Braunschweig. Vgl. Dieter Lent: *Keitel, Wilhelm, Bodewin Johann Gustav*,
in: Braunschweigisches Biographisches Lexikon 19. und 20. Jahrhundert, im Auftrag der
Braunschweigischen Landschaft e.V. hrsg. von Horst–Rüdiger Jarck/Günther Scheel.
Hannover 1996, S. 315; Thilo Vogelsang: *Keitel, Wilhelm*, in: Neue Deutsche Biographie 11
(1977), S. 412f. [Onlinefassung; URL: http://www.deutsche–biographie.de/.html.].

[3] Ian Kershaw: *Hitler 1936–1945*. Stuttgart 2000, S. 883f.; Klaus Wiegrefe: *Helden und
Mörder*, in: *DER SPIEGEL*, Heft 29 (2004), S. 32–46, hier S. 33f.

[4] Heinz Linge: *Bis zum Untergang. Als Chef des Persönlichen Dienstes bei Hitler*. Hrsg. von
Werner Maser. Neuauflage Leisnig 2019. Vgl. Rezension Werner Johe: *Kammerdiener–Pers-
pektive. Über Hitler nichts Neues. Erinnerungen ohne Quellenwert*, in: *DIE ZEIT*, 49 (1980)
[Zeit-online:https://www.zeit.de/1980/49/ueber-hitler-nichts-neues/komplettansicht?print].

Der Attentäter, Claus Schenk Graf von Stauffenberg, und sein Unterstützer-umfeld waren schnell enttarnt. Noch am 20. Juli wurden die Hauptakteure Claus Schenk Graf von Stauffenberg, sein Adjudant Werner von Haeften, Oberst Albrecht Ritter Mertz von Quirnheim und General Friedrich Olbricht auf Befehl von Generaloberst Friedrich Wilhelm Fromm im Hof des Bendlerblocks in Berlin hingerichtet. Der Versuch, dem Nazi-Terror ein Ende zu setzen, war misslungen. [7]

Der Deutschlanddienst des Deutschen Rundfunks sendete abends mehrfach die Nachricht, dass auf Adolf Hitler ein »verbrecherischer Anschlag« – erfolglos – verübt worden sei. Hitler schwor erbitterte Rache – auch an den Unbeteiligten. In der Nacht zum 21. Juli 1944 meldete er sich selbst zu Wort:

»Wenn ich [Hitler] heute zu Ihnen spreche, dann geschieht das aus zwei Gründen.

Erstens: Damit Sie meine Stimme hören und wissen, dass ich selbst unverletzt und gesund bin.

Zweitens: Damit Sie aber auch das Nähere erfahren über ein Verbrechen, das in der deutschen Geschichte seinesgleichen sucht.

Eine ganz kleine Clique ehrgeiziger, gewissenloser und zugleich verbrecherischer, dummer Offiziere hat ein Komplott geschmiedet, um mich zu beseitigen und zugleich mit mir den Stab praktisch der deutschen Wehrmachtführung auszurotten [...].

Sie [die Bombe, gelegt vom Obersten Graf von Stauffenberg] hat eine Reihe von mir teurer Mitarbeiter sehr schwer verletzt, einer ist gestorben. Ich selbst bin völlig unverletzt [...]. Ich fasse das als eine Bestätigung des Auftrages der Vorsehung auf, mein Lebensziel weiter zu verfolgen, so wie ich es bisher getan habe.

[...]

5   Joachim Fest: Hitler. Eine Biographie. Berlin 1998, S. 999f.; Kershaw: Hitler (wie Anm. 3), S. 895f.

6   Zitiert nach Kershaw: *Hitler* (wie Anm. 3), S. 885. Nach seinem Gespräch mit Adolf Hitler geht Joseph Goebbels in seinem Tagebucheintrag vom 23. Juli 1944 ausführlich auf das Attentat ein, abgedruckt in: *Joseph Goebbels, Tagebücher 1924–1945*. Hrsg. Ralf Georg Reuth, Band 5: 1943–1945. München 1992, S. 2075–2088.

7   Vgl. *Liste der am Attentat beteiligten Personen* in: https://de.wikipedia.org/wiki/Personen_des_20._Juli_1944.

Es ist ein ganz kleiner Klüngel verbrecherischer Elemente, die jetzt unbarmherzig ausgerottet werden.« [8]

Hitlers Wunsch nach Vergeltung war maßlos. Er diffamierte und demütigte die Widerständler aus den Adelskreisen, nannte sie »dieses Gesindel«. »Die Offiziere sollten nicht ›die ehrliche Kugel bekommen‹. Hitler wollte vielmehr, ›dass sie gehenkt werden, aufgehenkt wie Schlachtvieh‹«. Wie diese Prozedur durchzuführen war, besprach Hitler persönlich mit den Richtern und Henkern. Zudem ließ er »die Hinrichtung von Kameramännern der Wochenschau filmen, um sie sich abends anzusehen.« [9]

Zwischen dem 8. August 1944 und dem 19. April 1945 wurden 156 Angeklagte verurteilt und 104 Todesurteile verhängt. Ihre Angehörigen erhielten dafür eine Kostenrechnung. Ein typischer Fall wurde wie folgt bürokratisch korrekt abgerechnet:

»Gebühr für Todesstrafe (300 RM)
Postgebühr (1,84 RM)
Kosten für Pflichtwverteidiger (81,60 RM)
27 Tage Strafhaft (44,00 RM)
Porto für die Übersendung der Kostenrechnung (0,12 RM).« [10]

Ein durchschnittliches Todesurteil kostete somit 427,56 RM.
Am 30. Juli 1944 traf sich Adolf Hitler im Führerhauptquartier Wolfschanze mit dem SS–Reichsführer Heinrich Himmler und dem Chef des Oberkommandos der Wehrmacht, Generalfeldmarschall Wilhelm Keitel. Sie beschlossen, nicht nur gegen die Hitlerwidersacher vorzugehen, sondern auch gegen deren Familien. Überdies sollte die Familie Stauffenberg in Sippenhaft genommen

---

8   Zitiert nach Tondokument: [https://www.zdf.de/dokumentation/zdfinfo-doku/verschleppt-die-kinder-des-20-juli-102.html]; Fest: *Hitler* (wie Anm. 5), S. 1001; Kershaw: *Hitler* (wie Anm. 3), S. 895f.; Adolf Hitler: *Rundfunkansprache zum Attentat vom 20. Juli 1944*, 21. Juli 1944, 1.00 Uhr, abgedruckt in: Max Domarus: *Hitler. Reden und Proklamationen 1932–1945.* Kommentiert von einem deutschen Zeitgenossen, Band II, Zweiter Halbband 1941–1945. München 1965, S. 2127–2129.
9   Wolfgang Benz: *Im Widerstand. Größe und Scheitern der Opposition gegen Hitler.* München 2018, S. 426; Goebbels Tagebücher (wie Anm. 6), S. 2084.
10   Benz: *Widerstand* (wie Anm. 9), S. 426f.; Vgl. »… und was ein Todesurteil kostet«, in: *Der Nationalsozialismus. Dokumente 1933–1945*, hrsg. und kommentiert von Walther Hofer. Frankfurt am Main 1977, S. 323.

werden. Das galt auch für die Familie des Generals Walther von Seydlitz–Kurzbach. Dieser befand sich in sowjetischer Kriegsgefangenschaft und rief »an der Spitze des Bundes deutscher Offiziere im Nationalkomitee Freies Deutschland zum Widerstand der Wehrmacht gegen Hitler auf.«[11]

»Sippenhaftung« war für die Nationalsozialisten ein Repressionsinstrument, eine »Spielart der Macht«[12], und zunächst eine inoffizielle rechtliche Handhabe, eine Familie insgesamt verantwortlich heranzuziehen, wenn die Nationalsozialisten darüber befanden, dass ein Mitglied einer Familie strafwürdig gehandelt hat. Bestimmten Straftaten, wie der Vorwurf der »Wehrkraftzersetzung« oder »die Aufforderung zur Fahnenflucht«, führten dazu, dass nach der »Kriegsstrafrechtssonderverordnung« (1938 eingeführt) bei Zuchthaus oder Todesstrafe des Delinquenten auch das Vermögen eingezogen werden konnte. Dies bedeutete meist den wirtschaftlichen Ruin der ganzen Familie.[13]

Unmittelbar nach dem Attentat wurden die Familien der beteiligen Personen festgesetzt.[14] Über 300 Verwandte von Widerstandskämpfern und Mitwissern wurden festgenommen und in die sogenannte »Sippenhaft« genommen, ihr Hab und Gut wurde eingezogen. Dies hatte Heinrich Himmler in seiner Rede vor den Gauleitern am 3. August 1944 angekündigt und bekräftigt.[15] Er sagte: »Dann werden wir als Zweites hier eine absolute Sippenhaftung einführen.« […]. »Wir werden aber – und das ist sehr wichtig – bei all den Familien, von denen ein Glied maßgeblich an dieser Verschwörung und an dieser Untreue und Meuterei beteiligt war, ihr Eigentum, ihren Grundbesitz einziehen, ihnen den nehmen.«

---

[11] Benz: *Widerstand* (wie Anm. 9), S. 427.

[12] Valerie Riedesel Freifrau zu Eisenach: *Geisterkinder. Fünf Geschwister in Himmlers Sippenhaft*. Berlin 2018, S. 133.

[13] Johannes Salzig: *Die Sippenhaft als Repressionsmaßnahme des nationalsozialistischen Regimes. Ideologische Grundlagen–Umsetzung–Wirkung*. (Schriftenreihe der Forschungsgemeinschaft 20. Juli 1944 e.V., Band XX). Augsburg 2015; Robert Loeffel: *Sippenhaft, Terror and Fear in Nazi Germany: Examining One Facet of Terror in the Aftermath of the Plot of 20 July 1944*, in: *Contemporary European History* 16,1 (2017), S. 51–69.

[14] Zu den Festnahmelisten vgl. Johannes Tuchel: *»… und ihrer aller wartet der Strick«. Das Zellengefängnis Lehrter Straße 3 nach dem 20. Juli 1944* (Schriften der Gedenkstätte Deutscher Widerstand Reihe A (Analysen und Darstellungen). Band VII, hrsg. von Peter Steinbach/Johannes Tuchel). Berlin 2014, S. 37ff.

[15] Theodor Eschenburg: *Dokumentation: Die Rede Himmlers vor den Gauleitern am 3. August 1944*, in: Vierteljahreshefte für Zeitgeschichte 1–1953, Heft 4, S. 357–394, Abdruck der Rede: S. 363 ff.). – *DIE ZEIT* Nr. 41/1953: Reichsführer SS Himmler: *Die Wehrmacht war an allem schuld*, [https://www.zeit.de/1953/41/reichsfuehrer-ss-himmler-die-wehrmacht-war-an-allem-schuld/komplettansicht?print].

Aus diesen Sätzen spricht Rache, wie auch der Leiter der *Gedenkstätte Deutscher Widerstand*, Johannes Tuchel, betont: »Das erste Motiv dafür, dass Verwandte in Haft genommen worden sind, ist ganz eindeutig die Rache.« Es sei »schwer zu erklären, welcher Hass sich dort Bahn brach.« [16]

Zur Sühne eines Straftatbestands wurde die Sippenhaftung am 5. Februar 1945 als Rechtsgrundsatz eingeführt. Der Chef des Oberkommandos der Wehrmacht, Wilhelm Keitel, verkündete: »Auf Grund der Weisungen des Führers wird daher befohlen: 1. Für Wehrmachtsangehörige, die in der Kriegsgefangenschaft Landesverrat begehen und deswegen rechtskräftig zum Tode verurteilt werden, haftet die Sippe mit Vermögen, Freiheit oder Leben.« [17] Für die Ehefrauen, Geschwister und Eltern der Widerstandskämpfer bedeutete die Sippenhaftung, dass sie unmittelbar nach dem Attentat verhaftet und in Gefängnissen oder Konzentrationslagern interniert wurden. Viele ihrer Kinder bis zum 15. Lebensjahr wurden von ihnen getrennt und in Heimen untergebracht, 44 davon in Bad Sachsa. [18]

Nach dem Attentat konzentrierte sich die Verfolgung vor allem auf die Familie Stauffenberg, und zwar nicht nur im näheren Umfeld, die Verfolgung traf auch weit entfernte Verwandte nach der Maßgabe Heinrich Himmlers: »Dieser Mann«, so Himmler und meinte Claus Schenk Graf von Stauffenberg, »hat Verrat geübt, das Blut ist schlecht, da ist Verräterblut drin, das wird ausgerottet. [...] Die Familie Graf Stauffenberg wird ausgelöscht werden bis ins letzte Glied.« [19]

Claus Schenk Graf von Stauffenbergs älterer Bruder Berthold wurde ebenfalls verhaftet. Er gehörte auch zum engsten Kreis der Verschwörer. Seine Aufgabe war es, den Kontakt zum Oberkommando der Marine zu halten. Am 10. August 1944 verurteilte ihn der »Volksgerichtshof« zum Tode durch den Strang. Das Urteil wurde noch am selben Tag in Berlin–Plötzensee vollstreckt.

---

[16] [https://www.zdf.de/dokumentation/zdfinfo-doku/verschleppt-die-kinder-des-20-juli-102.html].

[17] Hilde Kammer/Elisabet Bartsch: *Nationalsozialismus. Begriffe aus der Zeit der Gewaltherrschaft 1933–1945*. Reinbek bei Hamburg 1996, S. 194f.

[18] Petra Behrens/Johannes Tuchel: *»Unsere wahre Identität sollte vernichtet werden.« Die nach dem 20. Juli 1944 nach Bad Sachsa verschleppten Kinder*. Begleitband zur Ausstellung der Gedenkstätte Deutscher Widerstand in Zusammenarbeit mit der Stiftung 20. Juli 1944 und der Stadt Bad Sachsa. Berlin 2017, S. 169; auf S. 8f. werden 46 Kinder namentlich genannt; Ursula Brekle: *Familie Stauffenberg. Hitlers Rache*. Weimar 2018, S. 22, nennt 46 Kinder namentlich.

[19] Eschenburg: *Rede Himmlers* (wie Anm. 15), S. 385.

Die Verfolgung ging weiter: Ab dem 22. Juli 1944 wurden mindestens 28 Mitglieder der Familie Stauffenberg verhaftet, darunter die Mutter von Claus und Berthold, Caroline Schenk Gräfin von Stauffenberg, ihre Schwester Alexandrine Gräfin von Üxküll–Gyllenbrand und Bertholds Ehefrau Maria (Mika) Gräfin von Stauffenberg. [20]

Claus Schenk Graf von Stauffenbergs Ehefrau Nina wurde von der Gestapo in der Nacht vom 22. auf den 23. Juli 1944 verhaftet. [21] Dies geschah auf ihrem Stammsitz in Lautlingen [Schwäbische Alb]. Tags zuvor sprach sie noch offen mit ihren Kindern über den Vater. Die Kinder waren überrascht und hatten nichts von den Attentatsplänen ihres Vaters geahnt. Ihre Mutter sagte zu ihren Söhnen, dass der Vater das Attentat verübt habe mit den Worten »das war der Pappi«. Er habe dies für Deutschland tun müssen. Deswegen sei er verhaftet und erschossen worden.

Nina Gräfin von Stauffenberg verbrachte zunächst eine Woche im Gefängnis Rottweil am Südrand der Schwäbischen Alb. Sie wurde anschließend nach Berlin in das Polizeigefängnis am Alexanderplatz gebracht, dort drei Wochen lang verhört und anschließend trotz ihrer Schwangerschaft in das Frauen–KZ Ravensbrück verlegt. Ihr fünftes Kind Konstanze gebar sie am 27. Januar 1945 in einer Klinik in Frankfurt/Oder. In einem Potsdamer Krankenhaus wurden beide unter dem Namen »Schank« stationär bis April 1945 gleichsam in Einzelhaft untergebracht.

Informationen über das Schicksal von den anderen Mitgliedern der Familie Stauffenberg, die in verschiedenen Konzentrationslagern als sogenannte »Sippenhäftlinge« interniert waren, erhielt sie nicht, auch nicht von ihren vier Kindern. Nina Stauffenberg wusste nicht, dass sie in das Kinderheim »Bremen« nach Bad Sachsa deportiert worden waren.

Das Kinderheim »Bremen« in Bad Sachsa geht auf den in Bremen gebürtigen Geschäftsmann Daniel Schnakenberg zurück. 1852 geboren, wanderte er mit 16 Jahren nach Amerika aus und wurde in New York ein erfolgreicher Kaufmann im Versicherungs–, Baumwoll– und Schifffahrtsgeschäft. Daniel Schnakenberg blieb seiner Geburtsstadt Bremen zeit seines Lebens verbunden und engagierte sich caritativ in wohltätigen Organisationen und für den Dom St. Petri.

---

[20] Behrens/Tuchel: *Identität* (wie Anm. 18), S. 63.
[21] Zu Nina Schenk von Stauffenberg siehe Dorothee von Meding: *Mit dem Mut des Herzens. Die Frauen des 20. Juli.* Berlin 1993, S. 287–314; Ursula Brekle: *Familie Stauffenberg* (wie Anm. 18).

Als Daniel Schnakenberg im Alter von 83 Jahren im April 1935 in New York starb, vermachte er der Stadt Bremen 10.000 Dollar für wohltätige Zwecke mit der Auflage, dieses Geld für bedürftige Kinder zu verwenden. Dieses Erbe bildete die Grundlage für die vom damaligen Bürgermeister der Hansestadt Bremen gegründete Daniel–Schnakenberg–Stiftung. [22] Mit dem Geld kaufte die Stiftung am Rande von Bad Sachsa im Borntal etwa acht Hektar Land, um darauf ein Erholungsheim für Kinder aus Bremen zu errichten.

Geplant von zwei Bremer Architekten, bauten lokale Firmen zwischen Frühling 1936 und Ende 1937 sieben Häuser und ein Versorgungshaus in Leichtbauweise. Zwei dieser Häuser dienten als Verwaltungshaus und als Isolationsgebäude, um Kinder separieren zu können. Insgesamt bot das Heim Platz für etwa zweihundert Kinder.

Der rassistische NS–Einfluss auf die Satzung der Daniel–Schnakenberg–Stiftung ist unverkennbar. So heißt es in der Satzung:

»[…]. Die Stiftung bezweckt
a.) die Aussendung erholungsbedürftiger, aber rasse– und erbbiologisch nicht belasteter Kinder der Stadt Bremen oder des bremischen Landgebiets in ein für diese Zwecke errichtetes Erholungsheim.
b.) die Aussendung von Schulklassen der stadtbremischen Schulen in ein mit dem genannten Erholungsheim verbundenes Schullandheim.
Die Auswahl der Kinder zu a.) erfolgt nach den für das Jugendamt geltenden Grundsätzen der Reichszentrale ›Landaufenthalt für Stadtkinder‹. […]«. [23]

Das Kinderheim »Bremen« wurde in Bad Sachsa am 19. Juli 1936 eröffnet. Noch vor der Eröffnung fand im Borntal ein Camp für die Hitlerjugend (HJ) und für den Bund Deutscher Mädel (BDM) statt. An der Eröffnungsfeier nahmen der Bürgermeister von Bremen, Otto Heider, und der Bürgermeister aus Bad Sachsa, Artur Siegmund, teil. Ebenfalls anwesend waren Repräsentanten der NSDAP, der Nationalsozialistischen Volkswohlfahrt (NSV) und der Hitlerjugend Bremen. Zu diesem Zeitpunkt waren bereits drei der geplanten Gebäude fertiggestellt.

---

[22] [http://bremer-daniel-schnakenberg-stiftung.online.de].
[23] Behrens/Tuchel: *Identität* (wie Anm. 18), S. 30ff.

Kaum ein halbes Jahr später wurde die Stiftung Schnakenberg im Dezember 1936 wieder aufgelöst, die Eigentumsrechte erhielt die Stadt Bremen. Im April 1938 übernahm die Nationalsozialistische Volkswohlfahrt (NSV) das Kinderheim und bewirtschaftete es mit eigenem Personal. [24]

Die Wahl des Kinderheims im Borntal war gut begründet. Der Ort lag am Südrand des Harzes nicht weit entfernt vom Konzentrationslager Mittelbau-Dora bei Nordhausen. Dort produzierten Häftlinge Teile für die sogenannte Vergeltungswaffe V 2 und andere Rüstungsgegenstände, die geheim gehalten wurden. Um den Ort Niedersachswerfen nördlich von Nordhausen wurde Ende Mai 1944 der »Sperrkreis Mittelbau« mit einem Radius von zunächst 30, dann im Dezember 1944 bis zu 50 Kilometern eingerichtet. Die zuständige Gestapo-Dienststelle im Ort Niedersachswerfen unterstand direkt dem Leiter der Spionageabwehr im Reichssicherheitshauptamt, SS–Standartenführer Walter Huppenkothen, und seinem Mitarbeiter, SS–Sturmbannführer Wilhelm Clemens. Diese beiden Männer arbeiteten nach dem 20. Juli 1944 auch in der »Gestapo-Sonderkommission 20. Juli« mit.

Die Sonderkommission rechnete Ende Juli 1944 damit, dass eine große Anzahl Kinder von den verurteilten Verschwörern aufgenommen werden müsste. Eine Internierung in das »Jugendschutzlager« für Jungen in Moringen bei Göttingen oder in einem der SS–eigenen »Lebensbornheimen« für Mädchen kam nicht in Frage. Man suchte für diese Kinder eine ausreichend große Unterkunft an einem abgelegenen, gut gesicherten und leicht zu überwachenden Ort.

Diesen Vorgaben genügte das Heim der Nationalsozialistischen Volkswohlfahrt (NSV) in Bad Sachsa im Ortsteil Borntal. Bad Sachsa befand sich im »Sperrkreis Mittelbau« und damit in einem Hochsicherheitsgebiet. Wegen der hohen Präsenz von Wehrmachts– und SS–Einheiten dürften Fluchtversuche aussichtslos gewesen sein, ein Eindringen von außen unmöglich. Auf Weisung des Berliner Reichssicherheitshauptamtes wurden die vorhandenen Gebäude beschlagnahmt. Die damalige NSV–Heimleiterin und NSDAP–Mitglied Elli Köhler (geboren 1904 in Vienenburg) erhielt den Befehl, das Heim auf das Schnellste zu räumen, die anwesenden Kurkinder und Schwesterschülerinnen auf andere Erholungsheime zu verteilen und das Heim für die Aufnahme der

---

24 Behrens/Tuchel: *Identität* (wie Anm. 18), S. 28f., Die Daniel–Schnakenberg–Stiftung wurde 1960 neu geordnet; sie fördert »Kinder–, Jugend– und Familienerholung im Land Bremen.« [http://bremer-daniel-schnakenberg-stiftung.online.de].

Zustand der stark geschädigten Gebäude
auf dem Gelände Borntal im Juli 2019

Kinder der Attentäter vorzubereiten. Wer als Kindergärtnerin oder als Kinderpflegerin im Heim blieb, wurde zu absolutem Stillschweigen über die Sonderbelegung verpflichtet. [25]

Mit dem Kinderheim in Bad Sachsa/Borntal wurde ein Hauptort für die Internierung der jüngsten Familienmitglieder geschaffen. Bis zu 200 Kinder, die nicht älter als 16 Jahre sein durften, sollten aufgenommen werden, und zwar aus dem gesamten Reich. Vier Häuser waren dafür vorgesehen, um die Kinder nach Alter und Geschlecht zu trennen. Es war nicht vorgesehen, dass Geschwister zusammenblieben, Babies und Kleinkinder waren eine eigene Gruppe und wurden separiert. Von den 200 erwarteten Kindern wurden schließlich 44 Kinder zwischen Babyalter und 15 Jahren im Kinderheim Bad Sachsa nach und nach untergebracht, beispielsweise Alfred von Hofacker und seine Schwestern Liselotte und Christa; aus der Familie Stauffenberg die Geschwister Berthold, Heimeran, Valerie und Franz–Ludwig, ebenso die Schwestern Ute und Ingrid von Seydlitz sowie weitere Kinder und Jugendliche. [26]

Die ersten Kinder trafen in der zweiten Augustwoche 1944 einzeln oder in kleinen Gruppen im Heim ein. Sie wurden von Gestapo–Beamten begleitet und der Heimleitung übergeben. Allen gemeinsam war, dass ihre Väter am Umsturzversuch des 20. Juli 1944 beteiligt gewesen und nach Todesurteilen des »Volksgerichtshofes« hingerichtet worden waren. Zudem zählten noch jene dazu, die sich als Angehörige des Nationalkomitees »Freies Deutschland« in der sowjetischen Kriegsgefangenschaft gegen die nationalsozialistische Diktatur gewandt hatten. Ihre Mütter waren als »Sippenhäftlinge« in verschiedenen Gefängnissen oder Konzentrationslagern inhaftiert.

[25] Behrens/Tuchel: *Identität* (wie Anm. 18), S. 25.

Es gehörte zu den Zielen der Nationalsozialisten, bei den Kindern die Erinnerung an ihre Väter und an ihre Familien zu tilgen. Die Kinder bekamen deshalb andere Vor- und Nachnamen. Mit dem Namenswechsel sollte das Wissen um ihre Herkunft ausgelöscht werden, die oktroyierten Namen sollten neue Identitäten schaffen. So hießen beispielsweise nach dem Willen der Nazis die Stauffenberg-Kinder »Meister«. Die Hofacker-

Der Blick in das Gebäudeinnere zeigt die Raumaufteilung

Kinder mussten sich »Franke« und »Schulze« nennen. Zudem sollten die Kinder auch untereinander nicht wissen, mit wem sie im Kinderheim interniert waren. Mit ihren neuen Namen sollten die jüngeren Kinder zur Adoption an verdiente SS-Familien freigegeben werden, für die älteren Kinder war vorgesehen, sie in nationalsozialistischen Erziehungsanstalten umzuerziehen.

Der Namenswechsel ließ sich nicht durchsetzen. Die Kinder rebellierten gegen die erzwungene Namensänderung auf eine stille Art. Unter der Bettdecke flüsterten sie sich ihre Geburtsnamen einander zu und machten sich miteinander bekannt. Sie entdeckten oftmals zu ihrer Überraschung Verwandte und steigerten damit das Zusammengehörigkeitsgefühl.

Der damals zehnjährige Berthold Maria Schenk Graf von Stauffenberg berichtete von seinem Bruder, der zu einer ärztlichen Behandlung ins Krankenhaus nach Erfurt gekommen war: »Als er nach seinem Namen gefragt wurde, antworteten seine Bewacher mit Meister.« Doch sein Bruder habe sie korrigiert und gesagt: »Ich heiße Stauffenberg«.

---

26 Riedesel Freifrau zu Eisenach: *Geisterkinder* (wie Anm. 12), S. 89ff., Eine Namensliste der internierten Kinder findet sich unter [http://www.bad-sachsa-geschichte.de/index.php?option=com_content&view=article&id=3&Itemid=30].

Die Heimverpflegung im Heim Borntal war gut, die Kinder wurden freundlich behandelt. Doch außerhalb der Mahlzeiten prägten Langeweile und strenge Isolation den Alltag. Die Kinder blieben sich selbst überlassen, auch Schulunterricht wurde nicht erteilt. Das Erdgeschoß war der ständige Aufenthaltsplatz für die Kinder, hier verbrachten sie während des gesamten Tages den größten Teil ihrer Zeit. Täglich vorgesehen war lediglich ein gemeinsamer Ausgang auf dem Gelände.

Die Gefühle der Kinder waren geprägt von Heimweh, das Alleinsein war ihnen unheimlich. Sie weinten viel und sorgten sich um ihre Eltern, vor allem hatten sie Angst, für ihre Väter büßen zu müssen. Die Stauffenberg–Kinder dachten an Heinrich Himmlers Drohung: »Die Familie Stauffenberg wird ausgerottet bis ins letzte Glied.« Für Alfred von Hofacker war es besonders hart, »dass uns niemand sagte, warum wir eigentlich hier [im Heim] waren und wie es jetzt für uns weitergehen würde.«

Doch Ende September 1944 änderte die nationalsozialistische Führung ihre Politik. Als einige Mütter aus der »Sippenhaft« entlassen wurden, brachte ihnen die Gestapo ihre Kinder aus Bad Sachsa zurück. Sie wurden nicht mehr als Druckmittel gegen die Väter benötigt. Andere Mütter, ebenfalls freigelassen, bekamen dagegen ihre Kinder nicht zurück, sondern erst zu einem viel späteren Zeitpunkt. Nach welchen Kriterien entschieden wurde, war nicht erkennbar, es waren offenbar willkürliche Einzelfallentscheidungen.

Übrig blieben mindestens 16 Kinder, sie wurden im Borntal in einem Haus zusammengelegt, einige kamen im Frühjahr 1945 noch hinzu. Es war vorgesehen, sie im April 1945 in das Konzentrationslager Buchenwald zu anderen »Sippenhäftlingen« zu bringen. Doch ein schwerer Bombenangriff zerstörte die Bahnanlagen und verhinderte den Transport über Nordhausen nach Buchenwald – und den Tod dieser Kinder. [27] Die Kinder blieben im Heim und verbrachten dort die letzten Kriegstage überwiegend im Schutzkeller.

Am 12. April 1945 besetzten amerikanische Soldaten Bad Sachsa, sie befreiten die internierten Kinder im Borntal. Zurück zu ihren Eltern konnten die Kinder noch nicht. Die Nachkriegswirren machten es schwierig, ihre Eltern zu finden. Viele von ihnen mussten bis zum Sommer 1945 warten, ehe sie wieder zu ihren Familien zurückkehren konnten, andere blieben sogar bis in den Herbst 1945 in Bad Sachsa. Zu den ersten Amtshandlungen des damals

---

[27] [https://www.ndr.de/nachrichten/niedersachsen/Historisches-Projekt-in-Bad-Sachsa-erhaelt-Millionenfoerderung,badsachsa172.html].

eingesetzten kommissarischen Bürgermeisters Willi Müller gehörte es, die
befreiten und vorerst in Bad Sachsa verbliebenen Kinder unter seinen persönlichen Schutz zu stellen.

Nach dem Krieg tat sich die bundesdeutsche Bevölkerung schwer im Umgang
mit den »Kindern des 20. Juli 1944«. Das Verhalten großer Teile der Öffentlichkeit war und blieb lange Zeit ambivalent. Einerseits wurden und werden
die Widerständler auf Briefmarken gezeigt oder Straßen nach ihnen benannt
(auch in Braunschweig im Kanzlerfeld). Andererseits mussten sie sich mit
Vorurteilen und Ablehnungen auseinandersetzen. Sie wurden verschmäht, als
»Vaterlandsverräter« beschimpft, sie wurden nicht als »Heldenkinder« geach-
tet, sondern als »Verräter« oder »Hochverräter« geächtet. In der DDR beschimpfte die SED die Männer des 20. Juli als »reaktionäre Agenten des
US–Imperialismus«. Im Jahr 1951 ergab eine repräsentative Umfrage, dass 51
Prozent der Deutschen die Tat und die Attentäter vollständig oder doch überwiegend ablehnten. Im gleichen Jahr lehnte die Mehrheit der Deutschen die
Demokratie ab und ein Drittel der Befragten votierte für die Wiederherstellung
der Monarchie. Zugleich »hielten 42 Prozent die Zeit von 1933 bis 1939 für
die besten Jahre Deutschlands« [28] Heute dagegen gelten Stauffenberg und
seine Gefährten als Vertreter des »Anderen Deutschland«, wie dies bereits 1946
Ricarda Huch in kluger Erkenntnis formuliert hatte.

In der Bundesrepublik hielt sich fast die Hälfte der Bundesbürger von den
Attentätern fern, noch in den 1960er Jahren sah jeder vierte Bundesbürger in
Stauffenberg und seinen Verbündeten »Landesverräter«. Bundeskanzler Kon-
rad Adenauer verhinderte zum Beispiel die Einstellung des zum Widerstand
zählenden Diplomaten Erich Kordt, indem er darauf hinwies, dass Kordt »schon
einmal seinen Chef ›betrogen‹ habe«. Selbst die »68er« warfen den Wider-
ständlern noch ihre politische Ausrichtung vor. Zwar habe es darunter auch
Demokraten gegeben, aber eben auch Antisemiten und Kriegsverbrecher. [29]
Ein Paradigmenwechsel mit normativer Wirkungskraft hatte aber bereits 1952
mit dem »sog. Remer Prozess« in Braunschweig eingesetzt. Dabei ging es dem
Initiator des Prozesses, dem Braunschweiger Generalstaatsanwalt Dr. Fritz
Bauer um die Legitimation des Widerstands gegen den nationalsozialistischen

---

[28] Gerd Biegel: *»Nein eine Grenze hat Tyrannenmacht«. Fritz Bauer – ein Humanist und Jurist
im Kampf für Deutschlands Zukunft*, in: Jahrbuch der Juristischen Gesellschaft Bremen, 17
(2016), S. 7–30, hier S. 14.

[29] Klaus Wiegrefe: *Helden und Mörder*, in: *DER SPIEGEL*, Heft 29 (2004), S. 32–46, hier S. 34.

Das Banner über dem Eingang der Tourist-Information verweist
auf die Ausstellung der nach Bad Sachsa verschleppten Kinder

»Unrechtsstaat« und damit um einen »Prozeß um den 20. Juli«. Erstmals erklärte ein deutsches Gericht nicht nur den NS–Staat als »Unrechtsstaat« und rehabilitierte die Attentäter vom 20. Juli 1944. Damit setzte ein Paradigmenwechsel in der Beurteilung des Widerstands ein, den Bauer als zukünftige »Basis für die Realisierung einer postdiktatorischen demokratischen Gesellschaftsordnung in Deutschland« bewertete.[30]

In seinem Dokumentarfilm *Verräterkinder – Töchter und Söhne des Widerstandes* zeigte der Autor und Regisseur Christian Weisenborn, wie diese Nachfahren unter dem Stigma zu leiden hatten. Beispielsweise Axel Schmend, dessen Vater Günther Mitglied des Generalstabs war und als Verschwörer vom 20. Juli 1944 hingerichtet wurde, berichtete: »Meine Mutter kam mit verweinten Augen vom Elternsprechtag. Es ging wohl um meine Leistungen, und der Lehrer hatte gesagt, vom Sohn eines Verräters könne er auch nichts anderes erwarten.«[31]

Alfred von Hofacker stellte fest, wie schwierig es war, von staatlicher Seite Wiedergutmachungen, Waisenrenten und Haftkompensationen zu erhalten: »Für uns Hinterbliebene war es sehr erstaunlich, dass wir unsere Ansprüche über Jahre vor Gericht erstreiten mussten, und später erfuhren, dass die Witwe Roland Freislers, der meinen Vater zu Tode verurteilt hatte, problemlos eine Pension bekam.«[32]

---

[30] Gerd Biegel: *Fritz Bauer* (wie Anm. 28), S. 13.
[31] [rp-online.de/panorama/das-schicksal-der-verraeterkinder_aid-20310259].
[32] Hendrik Behrendt: *Attentat vom 20. Juli. Wie Hitler sich an den Kindern des Verschwörers rächte*, in: *Spiegel–online*, 20. Juli 2017 [https://www.spiegel.de/einestages/stauffenberg-attentat-auf-adolf-hitler-am-20-juli-1944-was-geschah-mit-den-kindern-a-1158495.html].

Erst seit Mitte der 1990er Jahre ließ sich eine Veränderung feststellen. In jenen Jahren begann eine intensivere Auseinandersetzung mit der Geschichte des Widerstands. 1994 zeigte die *Gedenkstätte Deutscher Widerstand* in Berlin eine Ausstellung über den *20. Juli 1944* und präsentierte der Öffentlichkeit erstmals Dokumente über die nach Bad Sachsa verschleppten Kinder. Danach hat sich viel getan: 2015 setzte sich Bürgermeister Axel Hartmann dafür ein, die

historischen Ereignisse im Borntal auch nach außen dauerhaft sichtbar werden zu lassen. In Zusammenarbeit mit der *Gedenkstätte Deutscher Widerstand* wurde im Stadtkern in der Tourist–Information Bad Sachsa [Am Kurpark 6] am 22. November 2016 die Ausstellung *Kinder des 20. Juli* eröffnet.[33]

Die Dauerausstellung wurde im November 2016 eröffnet; sie zeigt historische Zeugnisse zu den im Borntal festgehaltenen Kindern und Jugendlichen

Ergänzend dazu beschloss der Rat der Stadt Bad Sachsa am 16. Februar 2017 die Umbenennung der Straße *Borntal* in *Straße des 20. Juli* mit der Begründung:

»Die Straßenumbenennung an historischem Ort [...] soll das Andenken an die im Borntal internierten Kinder und Jugendlichen stärken und für jedermann sichtbar machen sowie die Widerstandsleistung der betroffenen Familien gegen das Nazi–Regime in geeigneter und dauerhafter Form würdigen.«[34]

[33] [https://www.bad-sachsa.de/kultur-museen/ausstellung-kinder-des-20-juli/]; Axel Hartmann: *Ein Ort der Erinnerung.* Begrüßung des Bürgermeisters der Stadt Bad Sachsa, Dr. Axel Hartmann, zur Eröffnung der Ausstellung *Unsere wahre Identität sollte vernichtet werden* am 22. November 2016 im Kursaal der Stadt Bad Sachsa, in: [https://www.stiftung-20-juli-1944.de/reden/ein-ort-der-erinnerung-dr-axel-harmann-22112016].

[34] Stadt Bad Sachsa. Der Bürgermeister, Ordnungs– und Bauamt, Az.: 32.2/Sp, 17.02.2017: Allgemeinverfügung für die Umbenennung der Straße Borntal in Straße des 20. Juli in Bad Sachsa.

Eine von der Brandenburger Gemeinde Rangsdorf gestiftete
Gedenktafel erinnert an die »vergessenen Kinder«
der Attentäter des 20. Juli 1944

Gut zu Fuß mit steilem Aufstieg ist in etwa 2500 Metern Entfernung vom Ortskern das Borntal erreichbar. Heute befindet sich hier ein Campingplatz, umgeben von zerfallenden Häusern, in denen damals die Kinder festgehalten wurden. Wünschenswert wäre, auch direkt im Borntal einen Erinnerungsort einzurichten, der über die dort angebrachte Gedenktafel der Brandenburger Gemeinde Rangsdorf hinausgeht. [35]

Seit 2021 entsteht auf dem Gelände Borntal eine Ferienparkanlage. Der Harz Kurier titelte in seiner Ausgabe vom 12.1.2024: *Neuer Ferienpark im Harz: Das erste Haus steht, so geht es weiter* mit einem Verweis auf die historische Bedeutung des Geländes. [36] Als Zeugnisse am authentischen Ort sind drei Holzhäuser von ursprünglich acht Gebäuden des Kinderheimes erhalten. Sie stehen unter Denkmalschutz. Eine Gedenkstätte mit öffentlicher Förderung und verbunden mit einem Museum in einem der historischen Häuser ist geplant und als ein würdigender Ort der Erinnerung vorgesehen. [37]

[35] Hartmann: *Erinnerung* (wie Anm. 33).

[36] Thorsten Berthold: *Neuer Ferienpark im Harz: Das erste Haus steht, so geht es weiter*, in: Harzkurier–online, 12.01.2024, 15:55 Uhr [https://www.harzkurier.de/lokales/bad-sachsa/ article241409050/Neuer-Ferienpark-im-Harz-Das-erste-Haus-steht-so-geht-es-weiter. html#:~:text=Tourismus%20im%20Harz-,Neuer%20Ferienpark%20im%20Harz%3A%20 Das%20erste,steht%2C%20so%20geht%20es%20weiter&text=Bad%20Sachsa.,müssen%20 Einwohner%20und%20Gäste%20wissen].

[37] Bjarne Knebel: *Historisches Projekt in Bad Sachsa erhält Millionenförderung*, in: NDR–online, 30.9.2023, 16:29 Uhr [https://www.ndr.de/nachrichten/niedersachsen/Historisches- Projekt-in-Bad-Sachsa-erhaelt-Millionenfoerderung,badsachsa172.html].

Till Kinzel

Poetische Gerechtigkeit und Totengedächtnis: Der 20. Juli 1944 im Lichte von Alexander von Stauffenbergs Dialoggedicht *Vorabend*

Der 20. Juli 1944 und Alexander von Stauffenberg

Im Zuge der jährlich wiederkehrenden Feierlichkeiten zum Gedenken an den 20. Juli 1944 bleiben manche Aspekte erstaunlicherweise unterbelichtet, die für ein vollständiges Bild dieses Ereignisses sowie seiner Repräsentation im kulturellen Gedächtnis von Belang wären. Instrumentalisierungen der Vergangenheit, die bei offiziellen Veranstaltungen gang und gäbe und wohl auch kaum ganz zu vermeiden sind, führen doch auch dazu, manchen Aspekt gleichsam zu verschatten, der bei genauerer Betrachtung von einigem Interesse ist.[1] Dazu gehören sicherlich manche substantiellen Inhalte und Motive des Denkens der Verschwörer und ihres (früheren) Verhältnisses zum Nationalsozialismus. Diese sind teils wegen der Quellenlage nicht restlos aufzuklären.[2] Sie gehören aber auch in wesentlichen Zügen einer Tradition konservativen Denkens an, welche sich nicht mehr ohne weiteres vermitteln lassen, zumal es sich bei den politischen Ideen der Verschwörer um »partiell stark anachronistische Ideen und Zukunftsillusionen« handelte.[3] Das erhellt schon aus dem »Mangel an demokratischem Bewusstsein«, der Thomas Karlauf zufolge aus heutiger Sicht aus dem sogenannten Schwur ins Auge springt.[4]

---

[1] Siehe die anregenden Ausführungen von Bernd Rüthers: *Die einsamen Außenseiter. Deutscher Widerstand im Lichte des wechselnden Zeitgeistes* (Konstanzer Universitätsreden 240). Konstanz 2011.

[2] Siehe z.B. Sophie von Bechtolsheim: *Stauffenberg – mein Großvater war kein Attentäter.* Freiburg 2019, S. 86–88.

[3] Hans–Christof Kraus: *Der konservative Widerstand gegen den Nationalsozialismus – Bedeutung und Problematik*, in: *Politischer Widerstand. Allgemeine theoretische Grundlagen und praktische Erscheinungsformen in Nationalsozialismus und Kommunismus*, hrsg. von Barbara Zehnpfennig. Baden–Baden 2017, S. 181–204, hier S. 197; Marcel Beyer: *Stefan George, die Brüder Stauffenberg und die Eindeutigkeit*, in: Text + Kritik 168: *Stefan George*. München 2005, S. 35–46, hier S. 35. Siehe zu einigen Aspekten des Themas auch Ekkehard Klausa: *Das wiedererwachte Gewissen. Konservative im Widerstand gegen den Nationalsozialismus*. Berlin 2019.

Gerade dieser Schwur, der vor allem auf Claus von Stauffenberg zurückgeht und laut Karlauf »bis in die letzten handschriftlichen Korrekturen von Claus den Geist Stefan Georges« atmete, ist für das Thema dieses Aufsatzes von großer Bedeutung. [5] Denn dieser Text fügte sich später »fast nahtlos in Alexander von Stauffenbergs Gedicht *Vorabend*« ein, das damit auch Teil einer poetischen Verteidigung der Rechtsstaatlichkeit wird. [6]

Es hat daher seinen Reiz, sich einmal etwas intensiver diesem außerhalb von Fachkreisen weithin eher unbekannten Text zuzuwenden, der aus dem unmittelbaren Umfeld des Attentäters Claus Schenk Graf von Stauffenberg stammt, nämlich von seinem Bruder Alexander, der zugleich Bertholds Zwillingsbruder war. Alexander war ein bekannter Althistoriker, der sich mit Themen wie der Völkerwanderung oder dem syrakusischen Herrscher Hieron II. befasste, der aber auch das georgeanisch gefärbte Thema von *Dichtung und Staat in der antiken Welt* bearbeitete. [7]

Auch wenn Alexander selbst nicht an der Erhebung des 20. Juli beteiligt oder Teil des »Netzwerkes« der Verschwörer war [8], so war er doch allem Anschein nach wenigstens prinzipiell eingeweiht, was die Notwendigkeit eines solchen Handelns anging. Dem gegenüber erscheint es weniger wichtig, wie detailliert Alexander Stauffenbergs Kenntnisse gewesen sein mögen bzw. ob Claus und Berthold »ihm noch weniger anvertrauten« als dem mit ihm befreundeten Germanisten Rudolf Fahrner. [9] Denn Claus hatte unstreitig auch

---

[4]   Thomas Karlauf: *Stauffenberg. Porträt eines Attentäters.* München 2019, S. 263. Zur kritischen Diskussion des Buches siehe u.a. Hans-Christof Kraus: *Ein zeitgemäßes Bild Stauffenbergs? – Bemerkungen zu einer neuen Biographie*, in: *Für Freiheit, Recht, Zivilcourage. Der 20. Juli 1944*, hrsg. von Frank-Lothar Kroll/Rüdiger von Voss. Berlin 2022, S. 133–143; sowie Christoph Strohm: *Kulturwirkungen des Christentums? Betrachtungen zu Thomas Karlaufs »Stauffenberg« und Jan Assmanns »Totaler Religion«.* Tübingen 2021, S. 15–87.

[5]   Thomas Karlauf: *»kommt wort vor tat kommt tat vor wort?« Überlegungen zu Stauffenbergs geistiger Disposition*, in: *Es lebe das ›Geheime Deutschland‹! Claus Schenk Graf von Stauffenberg. Person – Motivation – Rezeption.* Beiträge des Sigmaringer Claus von Stauffenberg-Symposiums vom 11. Juli 2009, hrsg. von Jakobus Kaffanke OSB/Thomas Krause/Edwin E. Weber. Berlin 2011, S. 93–106, hier S. 95. Siehe weiterhin Eberhard Zeller: *Geist der Freiheit. Der zwanzigste Juli.* Berlin 2004, S. 489–490; Eberhard Zeller: *Oberst Claus Graf Stauffenberg. Ein Lebensbild.* Paderborn 2008, S. 237; als Faksimile ist der Schwur abgedruckt in Peter Hoffmann: *Claus Schenk Graf von Stauffenberg und seine Brüder.* Stuttgart 1992, S. 396–397.

[6]   Bruno Pieger: *Menschliche Gemeinschaft oder ›Das Leben von Gedichten‹*, in: *Das Ideal des schönen Lebens und die Wirklichkeit der Weimarer Republik. Vorstellungen von Staat und Gemeinschaft im George-Kreis*, hrsg. von Roman Köster/Werner Plumpe/Bertram Schefold/ Korinna Schönhärl. Berlin 2009, S. 151–169, hier S. 169.

Alexanders Frau Melitta, die anders als ihr Mann in Deutschland an der Technischen Akademie der Luftwaffe in Berlin–Gatow tätig war, über den Plan zum Attentat auf Hitler informiert. [10] Claus hatte zudem Melittas Hilfe als Fliegerin in Anspruch nehmen wollen, was sich dann aber wohl nicht als praktikabel erwies. [11]

[7] Siehe z.B. Alexander Graf Schenk von Stauffenberg: *Das Imperium und die Völkerwanderung.* München o.J. [1947]; *Dichtung und Staat in der antiken Welt.* München 1948; *Macht und Geist. Vorträge und Abhandlungen zur Alten Geschichte,* hrsg. von Siegfried Lauffer. München 1972. Zur Biographie siehe orientierend Wolfgang Günther: *Alexander Schenk Graf von Stauffenberg, Professor in München 1948–1964,* in: *100 Jahre Alte Geschichte an der Ludwig–Maximilians–Universität* (1901–2001), hrsg. von Jakob Seibert. Berlin 2002, S: 107–127; Karl Christ: *Der andere Stauffenberg.* München 2008; Wolfgang Schuller: *Altertumswissenschaftler im George–Kreis: Albrecht von Blumenthal, Alexander von Stauffenberg, Woldemar von Uxkull,* in: *Wissenschaftler im George–Kreis. Die Welt des Dichters und der Beruf der Wissenschaft,* hrsg. von Bernhard Böschenstein/Jürgen Egyptien/Bertram Schefold/Wolfgang Graf Vitzthum. Berlin/New York 2005, S. 209–224; sowie Stefan Rebenich: *Stauffenberg, Alexander Franz Clemens Maria Schenk Graf von,* in: *Stefan George und sein Kreis. Ein Handbuch,* hrsg. von Achim Aurnhammer/Wolfgang Braungart/Stefan Breuer/Ute Oelmann. Berlin 2012, S. 1661–1665 (Band 3).

[8] Alexander von Stauffenberg zählt sich selbst ausdrücklich zu den »damals nicht Beteiligten«. Siehe: *Die deutsche Widerstandsbewegung und ihre geistige Bedeutung in der Gegenwart,* in: *Bekenntnis und Verpflichtung. Reden und Aufsätze zur zehnjährigen Wiederkehr des 20. Juli 1944.* Stuttgart 1955, S. 156–176, hier S. 158. Vgl. auch Linda von Keyserlingk-Rehbein: *Nur eine »ganz kleine Clique«? Die NS-Ermittlungen über das Netzwerk vom 20. Juli 1944.* Berlin 2019, wo Alexander daher auch an keiner Stelle erwähnt wird. Allerdings könne er als »womöglich einziger ›Innerer Emigrant‹« des George–Schülerkreises betrachtet werden. Siehe Wolfgang Graf Vitzthum: *Jüngere Freunde Stefan Georges im Nationalsozialismus. Umrisse eines Gruppenportraits,* in: *Schriftsteller und Widerstand. Facetten und Probleme der »Inneren Emigration«,* hrsg. von Frank-Lothar Kroll/Rüdiger von Voss. Göttingen 2012, S. 245–265, hier S. 255–261.

[9] Karlauf: *Stauffenberg* (wie Anm. 4), S. 241. Zu Fahrner, dessen teils wohl unzuverlässige Erinnerungen gleichwohl eine wichtige Quelle sind, siehe zuletzt Rudolf Fahrner: *Ein Leben und Werk im Zeichen von Stefan George,* hrsg. von Stefano Bianca/Bruno Pieger. Hildesheim 2018; für die hier verhandelten Themen siehe vor allem Rudolf Fahrner: *Gesammelte Werke II: Erinnerungen und Dokumente.* Köln 2008, S. 252–262, 268–281.

[10] So Christ: *Stauffenberg* (wie Anm. 7), S. 56.

[11] Christ: *Stauffenberg* (wie Anm. 7), S. 56. Zu Melitta siehe die Biographien von Gerhard Bracke: *Melitta Gräfin Stauffenberg. Das Leben einer Fliegerin.* München 2013; sowie Thomas Medicus: *Melitta von Stauffenberg. Ein deutsches Leben.* Berlin 2013.

Von Alexander stammt nun aber auch ein höchst bemerkenswertes Gedicht mit dem Titel *Vorabend*. In diesem Gedicht – es ist ein Dialoggedicht [12] – lässt der Dichter seine beiden Brüder Claus und Berthold am Vorabend des Attentats miteinander sprechen. Dabei bedient er sich generell desjenigen Duktus und Stils, der im Kreis um den Dichter Stefan George (1868–1933) üblich war. Zugleich praktiziert Alexander mit dieser sowie weiteren Dichtungen die im George–Kreis üblichen Formen des Totengedächtnisses, welche in einem fast religiös zu nennenden Sinne gemeinschaftsstiftend fungierten – die Forschung spricht hier von einem »ästhetischen Ritual«, also einer Verbindung von Ästhetik und religiöser Praxis. [13] Da die drei Brüder Claus und Berthold sowie Alexander schon früh (1923) in diesen Kreis Aufnahme fanden, hat die Diskussion um die Prägung der Stauffenbergs durch Georges Geisteshaltung auch für die Motivation des Widerstandshandelns in der Literatur immer wieder zu intensiven Diskussionen geführt. In jedem Falle ist zu konstatieren, dass Alexander von Stauffenbergs »vorbehaltlose Verehrung und Bewunderung« für Stefan Georges dichterisches Werk und sein »Menschenbildnertum« sich lebenslang hielt, wie diese Formulierungen aus einem Vortrag von 1959 zeigen. [14]

---

[12] Grundlegend zu diesem Gedichttypus: *Das Dialoggedicht. Studien zur deutschen, englischen und romanischen Lyrik/Dialogue Poems. Studies in German, English and Romance Language Poetry*, hrsg. von Christina Johanna Bischoff/Till Kinzel/Jarmila Mildorf. Heidelberg 2017.

[13] Siehe Simon Reiser: *Totengedächtnis in den Kreisen um Stefan George. Formen und Funktionen eines ästhetischen Rituals.* Würzburg 2015, zu Alexander von Stauffenbergs Gedichten S. 337–345, wo Reiser auch die bisher eingehendste Interpretation des Stauffenberg-Gedichts als eines Epicediums (gr. Epikedeion, dt. Trauergesang) vorlegt; vgl. auch generell: *Stefan George und die Religion*, hrsg. von Wolfgang Braungart. Berlin/Boston 2015; sowie zuletzt Achim Aurnhammer: *Stefan George in der deutschsprachigen Literatur des 20. Jahrhundert. Aneignung – Umdeutung – Ablehnung.* Berlin/Boston 2022, S. 295–301.

[14] Der Vortrag ist, soweit ich sehe, bis heute nicht veröffentlicht worden. Hier zitiert nach Hoffmann: *Stauffenberg* (wie Anm. 5), S. 52. Eine andere aufschlussreiche Passage, die im vorliegenden Zusammenhang im Hinterkopf zu behalten wäre, findet sich bei Joachim Kramarz: *Claus Graf Stauffenberg. Der Mann des Widerstandes gegen Hitler.* München 1994, S. 261 Anm. 6: »Ich glaube also: Sie sehen mit mir das Wort Georges, daß sich in der Dichtung eines Volkes seine geheimsten Schicksale enthüllen, in einem neuen Lichte: daß nämlich hohe Dichtung geradezu zum Schicksal eines Volkes, der Deutschen werden kann, wo sie den Träger oder Vollstrecker eines Verhängnisses bewirkt, wo sie den Täter zur Tat oder, im Falle des Scheiterns, zum Opfer befeuert hat.«

Bei der Einschätzung der Rolle Georges für die Motivation zum Widerstand gehen die Ansichten weit auseinander. So hat Werner Bräuninger geradezu die These von der »Genese des Täters aus dem Geiste des Geheimen Deutschland« formuliert.[15] Wolfgang Graf Vitzthum hat »von der Geburt der heroischen Tat (auch) aus dem Geist der Dichtung« gesprochen,[16] und sogar das stark und kontrovers diskutierte Buch des George–Biographen Thomas Karlauf über Claus von Stauffenberg als Attentäter legt eine solche Interpretation nahe, wenn er vom »Ethos der Tat« schreibt, das er mit George als »Dichter der Tat« in enge Verbindung bringt.[17] Nüchterner fiel schon kurz nach dem Zweiten Weltkrieg die Einschätzung Fabian von Schlabrendorffs aus, der bereits 1946 konstatierte, dass das militärische Leben Stauffenberg nicht ausgefüllt habe. So hätten ihn seine geistigen Interessen in den Kreis Georges geführt, dem er treu geblieben sei: »Die Gedanken– und Geisteswelt Stefan Georges beherrschten ihn. Er kannte viele seiner Gedichte auswendig. Eine seiner größten Freuden war es, das berühmte Gedicht Stefan Georges über den Antichrist zu deklamieren. Vom Geistigen her stammte auch Stauffenbergs Einstellung gegen Hitler.«[18] Wie plausibel solche Thesen, Beobachtungen oder auch Unterstellungen sind, ist nicht leicht zu beurteilen, weil schon die außerordentliche normative Aufladung des Poetischen sowie die Interpretation eines Dichterkreises als Gründung eines »Staates« nach heutigen Maßstäben wie aus der Zeit gefallen wirken muss.[19] Im kritischen Rückblick von der Warte des geschichtswissenschaftlichen Konstruktivismus aus kann daher sogar von der

---

15 Werner Bräuninger: *Claus von Stauffenberg. Die Genese des Täters aus dem Geiste des Geheimen Deutschland.* Wien/Leipzig 2002.

16 Wolfgang Graf Vitzthum: *»Kommt wort vor tat kommt tat vor wort?« Die Brüder Stauffenberg und der Dichter Stefan George (Gedenkstätte Deutscher Widerstand – Beiträge zum Widerstand 1933–1945).* Berlin 2010, S. 26.

17 Karlauf: *Stauffenberg* (wie Anm. 4), S. 292–293. Gegen die enge Fokussierung auf Stauffenberg als Attentäter richtet sich das Buch seiner Enkelin Sophie von Bechtolsheim: *Stauffenberg* (wie Anm. 2). Ihre These lautet: Stauffenberg habe den Umsturz gewollt, nicht das Attentat (S. 138).

18 Fabian von Schlabrendorff: *Offiziere gegen Hitler.* Neue, durchgesehene und erweiterte Ausgabe von Walter Bußmann. Nach der Edition von Gero v. Gaevernitz. Berlin 1984, S. 79–80. Gemeint ist Georges Gedicht *Der Widerchrist.* Im Geiste dieses Gedichts sprach auch der Georgeaner Edgar Salin: *Um Stefan George.* Godesberg 1948, S. 5, vom Dritten Reich als dem »Reich der Antichristen«.

19 Siehe Klaus Landfried: *Stefan George – Politik des Unpolitischen.* Heidelberg 1975, S. 159–162.

»Erfindung des 20. Juli als Geschichtszeichen aus dem Geist Stefan Georges« gesprochen werden, auch wenn das wohl selbst wieder eine Überpointierung darstellt. [20]

Die ungewöhnliche Prägekraft des Kreiserlebnisses und die gleichsam religiös–rituelle Rezeption der Lyrik Stefan Georges war jedenfalls auch Jahre nach dessen Tod sehr lebendig. Das zeigt nicht zuletzt die gemeinsame Lektüre noch am 4. Juli 1944 in Berlin des neuen Gedichts *Der Tod des Meisters* aus der Feder Alexanders, das erst nach dem Krieg in einem Druck zunächst ohne Namensnennung des Autors erschien. [21] Das Gedicht ist nicht zuletzt deshalb von großer Bedeutung, weil es emphatisch nichts Geringeres als die Ewigkeit der Dichtungen Georges statuiert, wenn der Sprecher abschließend das Warten auf eine »leuchte« erwähnt, die der Meister – dieses Namenswort wird als einziges im laufenden Text groß geschrieben – »einst entfacht« habe und »die schimmernd brennt / Solang wir dienen wie am firmament / Der sterne licht: ein unauslöschlich funkeln.« [22]

Dieses Gedicht enthält zwar auch eine irritierend wirkende Stelle, die sich auf das jüdische Volk bezieht, veranlasste aber insbesondere den ebenfalls dem Gedanken eines »Geheimen Deutschland« im Sinne Georges verpflichteten Emigranten Ernst Kantorowicz, sich in einem Brief an Alexander von Stauffenberg zu äußern. [23] Kantorowicz, der zu den entschiedensten konservativen Hitler–Gegnern gehörte, schrieb ihm am 11. Oktober 1947:

> »Ich könnte mir denken, dass Sie, als einziger, auch den Juli 1944 als Dichter behandeln könnten, besser vielleicht als prosaschreibende Historiker. Denn auch dieses ist wahrlich ›Epos‹ und es wäre wünschenswert, dass erstmals nach vielen saeclen eine ›primäre Quelle‹ wieder in gebundener Form erscheint und gelesen und ›ausgelegt‹ werden muss.«

[20] Ulrich Raulff: *Kreis ohne Meister. Stefan Georges Nachleben.* München 2009, S. 420.

[21] Fahrner: *Gesammelte Werke II* (wie Anm. 9), S. 256; Wolfgang Venohr: *Stauffenberg. Symbol des Widerstands. Eine politische Biographie.* 3., überarbeitete und ergänzte Neuauflage. München 2000, S. 306; Christ: *Stauffenberg* (wie Anm. 7), S. 162–163.

[22] Alexander Stauffenberg: *Der Tod des Meisters. Zum zehnten Jahrestag.* [Überlingen] 1948. Das Gedicht ist leichter zugänglich auch abgedruckt in Christ: *Stauffenberg* (wie Anm. 7), S. 30–43.

[23] Siehe zum Gedicht auch Peter Trawny: *»Seltsames Wandern zum Rhein vom Nil«* – Bemerkungen zum deutsch–jüdischen Gespräch des George-Kreises im Spiegel von Alexander Stauffenbergs *»Der Tod des Meisters«*, in: *Stefan George. Dichtung – Ethos – Staat. Denkbilder für ein geheimes europäisches Deutschland,* hrsg. von Bruno Pieger/Bertram Schefold. Berlin 2010, S. 189–203, hier S. 195–201.

Karlauf zufolge, der diesen Brief zitiert, habe Alexander diese Anregung nicht verwirklichen können, vielmehr sei das »Epos« dann von dem mit ihm und Fahrner befreundeten Eberhard Zeller in seinem Buch *Geist der Freiheit* (1952) vorgelegt worden. [24] Norman Franke hatte jedoch schon zuvor den wichtigen Hinweis gegeben: »Tatsächlich legte Alexander von Stauffenberg später eine Folge von episch–lyrischen Gedichten über die Tat vom 20. Juli vor. Sein Gedichtzyklus, der 1964 bei Küpper, dem Nachfolger des Kreisverlags Bondi, in kleiner Auflage erschien, ist in vier Hauptabteilungen gegliedert, deren erste sich auf das Attentat bezieht.« Franke geht zwar in seinem Kantorowicz gewidmeten Aufsatz selbst nicht weiter auf diesen Teil der Gedichtsammlung ein, fügt aber in einer Fußnote die wichtige Bemerkung an: »Obwohl die konservative Widerstandsgeschichtsschreibung dem 20. Juli sehr früh auch mythologische Züge verlieh, ist mir keine historische Arbeit bekannt, welche das Epos Alexander von Stauffenbergs tatsächlich als historische Quelle rezipiert hätte.« [25]

Die Stauffenberg–Brüder waren voll in den Kreis integriert, wie ihre Rolle bei der Beerdigung und Trauerfeier des Dichters in Minusio 1934 hinreichend zeigt. [26] Es kann jedoch keine Rede davon sein, alle Kreismitglieder seien von Anfang an etwa entschiedene Anti–Nationalsozialisten gewesen. Divergenzen zeigten sich hier früh, und auch der spätere Attentäter war zu Beginn des »Dritten Reichs«, wie viele andere Deutsche auch, dem sogenannten nationalen Aufbruch gegenüber positiv eingestellt. Doch taugt dieser Umstand wenig zur Skandalisierung, wie sie Karlauf in seiner Stauffenberg–Biographie letztlich propagierte, da hierbei unterschlagen wurde, dass Stauffenbergs frühe Sympathie zumindest für Teile des Programms des Nationalsozialismus völlig unkontrovers ist und schon längst hinreichend bekannt war. [27]

---

24 Karlauf: *Stauffenberg* (wie Anm. 4), S. 295–296; siehe auch Robert E. Lerner: *Ernst Kantorowicz. Eine Biographie.* Stuttgart 2020, S. 438–440.

25 Norman P. Franke: *»Divina Commedia teutsch«? Ernst H. Kantorowicz: der Historiker als Politiker,* in: *Historische Zeitschrift* 291 (2010), Heft 2, S. 297–330, hier S. 306. Siehe auch Norman P. Franke: *Das ›Geheime Deutschland‹ als anarchische Republik? Zur Rezeption poetischer Reichs–Visionen Ricarda Huchs in der Lyrik Karl Wolfskehls,* in: *Geschichtsgefühl und Gestaltungskraft. Fiktionalisierungsverfahren, Gattungspoetik und Autoreflexion bei Ricarda Huch,* hrsg. von Cord–Friedrich Berghahn/Jörg Paulus/Jan Röhnert. Heidelberg 2016, S. 31–51, hier S. 33–34, 42–44.

26 Siehe zu Trauerfeier und Begräbnis Georges als Ausgangspunkt für die Fortentwicklung bzw. Auseinanderentwicklung des Kreises vor allem Raulff: *Kreis ohne Meister* (wie Anm. 20). Auch Karlauf: *Stauffenberg* (wie Anm. 4) beginnt sein Buch mit einem Prolog, der »Totenwache« überschrieben ist (S. 9–22).

Alexander von Stauffenbergs *Vorabend*

Der Philosoph Manfred Riedel, der als einer der wenigen – sieht man von dem Zeitzeugen Rudolf Fahrner ab [28] – etwas ausführlicher auf Alexander von Stauffenbergs Gedicht eingeht, schreibt seinem Autor, einem »Georgeaner aus der dritten Kreis–Generation«, dabei die Einsicht zu, »dass die heroische Opfertat der ›seinen unsrigen‹ – ›Heroen‹ im geschichtlichen Ursinn von ›Schutzgeistern‹ verstanden – besser kraft des dichterischen Wortes bewahrt werden könnte als durch Geschichtsschreibung«. [29] Es mag dahingestellt sein, ob diese Entgegensetzung von Dichtung und Geschichtsschreibung sinnvoll ist, da sich beide auf andere Funktionen und Bereiche des Erinnerns beziehen. So mag man eher von einem Ergänzungsverhältnis sprechen, denn auch und gerade präzise Kenntnisse der Geschichtsschreibung über den militärischen Widerstand des 20. Juli wirken darauf zurück, welchen Stellenwert man einem »bloßen« Gedicht hier zusprechen möchte. [30]

Der Gedichtzyklus *Das Buch der Toten*, abgedruckt in dem postum von Rudolf Fahrner edierten Gedichtband *Denkmal* (1964), enthält drei Abschnitte oder Teile, die auf einen vorgeschalteten »Bannspruch« folgen. Diese sind *Auf der Walstatt*, *Die Erhebung* und *Vorabend* überschrieben. [31] Insgesamt handelt es sich dabei um eine dichterische Vergegenwärtigung und Gestaltung der Erinnerung an das, was in Anklang an den Widerstand gegen Napoleon in der Zeit der Befreiungskriege »Erhebung« genannt wird. [32] Auch die Erin-

---

[27] Bezeichnenderweise ignoriert Karlauf, um seine eigene These gegen eine angeblich andere herrschende Sicht zu profilieren, z. B. die Biographie von Wolfgang Venohr: *Stauffenberg* (wie Anm. 21), die den Zusammenhang klar darstellt: »Alle Versuche, die nach dem II. Weltkrieg unternommen wurden, ihn [Claus von Stauffenberg] zu einem Frondeur a priori zu stempeln, seinen grundsätzlichen Abscheu gegen den Nationalsozialismus bereits in der Friedenszeit oder in den ersten beiden Kriegsjahren anzusiedeln, müssen als gescheitert angesehen werden. Zu erdrückend ist das Beweismaterial an Berichten, Dokumenten, Zitaten, die solchen Absichten im Wege stehen [...]« (S. 134).

[28] Fahrner: *Gesammelte Schriften II* (wie Anm. 9), S. 270–276. Siehe auch schon Laurent Gspann: *Un poëme engagé: »Vielle« d'Alexander von Stauffenberg*, in: *Geistesgeschichtliche Perspektiven: Rückblick, Augenblick, Ausblick. Festschrift für Rudolf Fahrner zu seinem 65. Geburtstag am 30. Dezember 1968*, hrsg. von Götz Großklaus. Bonn 1969, S. 241–251 (auf den S. 248–251 mit einer französischen Übersetzung des Vorabend)

[29] Manfred Riedel: *Geheimes Deutschland. Stefan George und die Brüder Stauffenberg*. Köln/Weimar/Wien 2006, S. 220.

[30] Den besten Überblick bietet jetzt Winfried Heinemann: *Unternehmen »Walküre«. Eine Militärgeschichte des 20. Juli 1944*. Berlin/Boston 2019. Siehe weiterhin Johannes Tuchel/Uwe Neumärker: *Der 20. Juli 1944 im »Führerhauptquartier Wolfschanze«*. Berlin 2021.

nerung an die auf dem Schlachtfeld – hier altertümlich als Walstatt bezeichnet – geopferte Jugend, deren vergeudetes Heldentum im Bannspruch angesprochen wird, unterstreicht vorbereitend die Notwendigkeit der Erhebung. [Der Text integriert hier auch drei Gedichte, die aus der Feder Rudolf Fahrner stammen. [33]] Alexander von Stauffenberg erinnert dem gemäß nicht nur an den Opfergang seiner Brüder Berthold und Claus, sondern u.a. auch an ihren Cousin Caesar (bzw. Cäsar) von Hofacker, der sehr stark national eingestellt war und auch dem NS–Regime selbst als eine der »wesentlichen Figuren« des Widerstands galt. [34] Im Hofacker–Gedicht greift der Verfasser jene Anekdote aus dessen Verhören auf, wonach er auf die Frage nach Frau und Kindern sein »herrisch wort: ›Was schert mich kind und weib!‹« gesetzt habe (S. 15). Hofacker, der hier selbst Heinrich Heines Gedicht *Die Grenadiere* zitierte, steht damit paradigmatisch für jenen Typus des Patrioten, in dessen Wertehierarchie Staat und Vaterland noch über der eigenen Familie stehen.

Auch seiner Frau Melitta gedachte der Autor, da sie gemäß der vom NS–Regime praktizierten Sippenhaft, die auch Alexander selbst durch mehrere KZ führen sollte, kurz nach dem 20. Juli ebenfalls verhaftet worden war – als Konsequenz gleichsam aus »Des bruders aufruhr wider alles niedre«, wie es im Gedicht mit dem Titel *Litta* heißt (S. 20). Melittas Schicksal wird mit dem der getöteten Brüder in Verbindung gebracht, wenn es dort heißt, es leuchte »mit dem brüderlichen paare [...] / Vor uns dein siegreich antlitz und verspricht / In aller schmach das künftige gericht« (S. 20). [35]

---

31 Zitate aus dem Band im Folgenden in Klammern im Text: Alexander Schenk Graf von Stauffenberg: *Denkmal*, hrsg. von Rudolf Fahrner. Düsseldorf/München 1964. *Vorabend* soll Anfang 1947 geschrieben worden sein, da es bereits einem Brief an Michael Stettler vom 24. Januar 1947 beigelegt war. So Reiser: *Totengedächtnis* (wie Anm. 13), S. 341.

32 Siehe Hans–Christof Kraus: *Das Geheime Deutschland. Zur Geschichte und Bedeutung einer Idee*, in: *Historische Zeitschrift* 291 (2010), S. 385–417, hier S. 409–412; jetzt auch abgedruckt in Hans–Christof Kraus: *Wege und Abwege der Ideen. Studien zur politischen Geistesgeschichte der Deutschen. Kleine Schriften I*. Berlin 2022, S. 386–418.

33 Fahrner: *Gesammelte Schriften II* (wie Anm. 9), S. 274–275.

34 Ulrich Heinemann: *Caesar von Hofacker – Stauffenbergs Mann in Paris*, in: *»Für Deutschland«. Die Männer des 20. Juli*, hrsg. von Klemens von Klemperer/Enrico Syring/Rainer Zitelmann. Frankfurt/M./Berlin 1994, S. 108–125, hier S. 122; Alfred von Hofacker: *Cäsar von Hofacker – ein Wegbereiter für und ein Widerstandskämpfer gegen Hitler, ein Widerspruch?* Göttingen 2010.

35 Siehe Marie–Gabriele Schenk Gräfin von Stauffenberg: *Aufzeichnungen aus unserer Sippenhaft 20. Juli 1944 bis 19. Juni 1945*, hrsg. vom Haus der Geschichte Baden–Württemberg. Stuttgart [2015]. Das Melitta–Gedicht ist auch dokumentiert in Bracke: *Melitta Gräfin Stauffenberg* (wie Anm. 9), S. 292–294.

Unmittelbar im Anschluss an das Melitta-Gedicht folgt *Vorabend*, das im Stile eines Wechselgesangs gestaltet ist, wie er in der deutschen Lyrik seit dem Mittelalter bekannt ist; und auch Alexanders dichterisches Vorbild Stefan George reihte sich in diese Tradition des dialogischen Sprechens ein. [36] Das Zwiegespräch enthält keinerlei rahmende Zusatzinformationen über den Ort und Anlass der Unterredung, auch wenn mittendrin Berthold die »sommernacht im silberblinken / Des vollen monds« (S. 23) erwähnt, also auf den Juli anspielt. [Vollmond war im Jahr 1944 am 6. Juli, während am Tag des Attentats, dem 20., Neumond war, aber solche kalendarische Exaktheit an das Gedicht anzulegen, wäre verfehlt; belegt ist allerdings, dass der sogenannte Schwur Anfang Juli verfasst und am Abend des 4. Juli gemeinsam durchgesehen und Fahrner übergeben wurde.] Als Ort der Handlung, der im Gedicht selbst nicht genannt wird, gilt in der Literatur allerdings mit Recht die Villa in der Tristanstraße 8 in Berlin-Nikolassee. [37]

Abgesehen von dieser Zeitbestimmung beginnt das Gedicht selbst *in medias res*, es fehlen also Informationen über das, was vorausgegangen sein muss. Berthold ruft nämlich seinem Bruder gegenüber aus: »Wie ist uns fern ein solches tun!«, benennt aber das, was »solches tun« sein soll, nicht. Die Brüder müssen also, so ließe sich spekulieren, über die Notwendigkeit eines Tyrannenmords gesprochen haben, dessen moralische Problematik nun weiter zu erörtern ist, auch wenn die Entscheidung selbst zu »solche[m] tun« schon längst gefallen war.

Berthold bringt nun in einer längeren Passage in etwas komplizierter Weise die Ambivalenz zum Ausdruck, die darin liegt, dass zum Herbeiführen einer Wende deren Wegbereiter selbst zum Mittel des Mords – und sei es ein Tyrannenmord – greifen müssen. Der Entschluss zur Tat – zum Attentat – muss hart errungen werden, denn gegenüber dem geplanten Mord bleibt schließlich immer ein Vorbehalt: »Der schauder bleibt«, sagt Berthold; und Claus unterstreicht diese Einsicht, indem er sogleich im Anschluss diesen Satz Bertholds wörtlich wiederholt. Dieser Schauder lasse sich nicht wirklich bannen, und so ist das Wesen der befreienden Tat zugleich Verstrickung. Claus formuliert ausführlich die Schwierigkeiten, die mit ihrer Position in der realen Welt hier und

---

[36] Jürgen Wertheimer: *Dialogisches Sprechen im Werk Stefan Georges. Formen und Wandlungen.* München 1978.

[37] Siehe z.B. Zeller: *Stauffenberg* (wie Anm. 5), S. 296; Bracke: *Melitta Gräfin Stauffenberg* (wie Anm. 9), S. 173.

jetzt verbunden sind: »Zu handeln im gewärtigen – im bereich / Des heutigen zustands – [...] ist uns heil und fluch zugleich« (S. 21–22). Eben diese Forderung des Handelns widerspricht der Illusion, es könnte ihnen »vergönnt [sein] zu harrren bis die welt / Sich leicht und bebend unsern händen schmiege.« Doch die faktische Lage ist fatal: Das Übel des Nationalsozialismus wird im Bild eines das Volk aussaugenden Blutegels und seines wimmelnden Gefolges veranschaulicht: »Die wunden unserem land geschlagen schwären / Von seinem gift und geifer« (S. 22).

Das Gegenmittel zu diesem Unheil wird als »dolch« imaginiert, das klassische bzw. ikonische Instrument des Tyrannenmords. Die Möglichkeit zum Handeln ist gegeben – sie nicht zu nutzen, wäre selbst eine moralische Disqualifizierung, die in einer Verbindung aus Untugend und Schmerz bestünde: »Sich hier versagen wäre feigheit wäre / Uns tiefste pein bis an des lebens ende.« (S. 22). Indem Claus dies deutlich ausspricht, ist die Notwendigkeit der Tat eigentlich hinreichend motiviert, weil die Alternative schändlich wäre. Doch greift er Bertholds Einsicht, der Schauder bleibe, nochmals auf und stellt die grammatisch ungelenke Frage: »Doch ist was dich behelligt weil nicht mord / In unseren sternen stand?« Bertholds Antwort, die durchaus die Antwort beider Brüder sein dürfte, lautet: »Auch dies · auch dies.« Die Bedenken können nur deshalb hintangestellt werden, weil gegen die Herrschaft und des Treiben des »sieche[n] mordgesindel[s]« – wie Berthold sagt (S. 21) – das Recht in Anspruch genommen werden kann. So ist von einem »urteil das zum tod verdammt / Dies sieche mordgesindel« (S. 21) die Rede; auch habe der »schwarm der schrecken« sein »recht verwirkt« (S. 22). Es wird der Begriff der »Ehre«, der bekanntlich auch vom NS-Regime missbräuchlich instrumentalisiert wurde, in Anspruch genommen, die »nur im stahl von uns gezückt«, blinke, so Berthold, der unmittelbar im Anschluss daran anfügt: »Die heimat / Nur hält gericht.« (S. 22). Hier steht noch die Vorstellung im Hintergrund, dass dem Recht von den Deutschen selbst, also von innen heraus, zur Geltung verholfen werden müsse, nicht erst durch das Eingreifen der äußeren Feinde. Das erscheint als moralisch zwingend, wenn es um Ehre geht. Die Dichte der Verweise auf Begriffe der Rechtssphäre kann als Vorwegnahme einer wesentlichen Aussage des Schwurs oder Eids der Stauffenbergs verstanden werden, in der die Forderung nach einem Staat erhoben wird, der dem Einzelnen »sein recht verbürgt« (S. 24).

Bevor Claus und Berthold jedoch dem Schwur selbst in abwechselnder Rede in Form einer Rezitation eine Stimme geben, lässt Alexander von Stauffenberg seine Brüder über die Möglichkeit des Scheiterns sprechen, die mit dem Attentatsversuch von vornherein verbunden war – und die den Lesern des Gedichts immer schon als faktisches Scheitern vor Augen steht. Die Leser wissen ebenso immer auch schon, auf wen das Attentat zielt, obwohl diese Person im Gedicht einer namentlichen *damnatio memoriae* verfällt und nur durch ein Personalpronomen (»ihn«) einmal präsent ist.

Berthold fragt Claus ausdrücklich danach, was sein werde, »Wenn ihn dein dolch verfehlt?« (S. 22). Claus antwortet darauf lakonisch und kühl: »Wir werden sterben / Kann sein in martern..« (S. 22). Auch zahlreiche andere, die Anteil an der Verschwörung hatten, würden dann geopfert; ihr Blut würde dann wegen eines Traums der Freiheit verströmt. Freiheit des Volks wird hier explizit der unedlen Tyrannei entgegengesetzt. Claus sieht dann wohl angesichts der realpolitischen Lage nur noch eine symbolische Bedeutung ihres Handelns, wenn lediglich ein »flammenmal« übrigbleibe (S. 22).

Berthold ergänzt das Dilemma, mit dem sie es zu tun haben, indem er bemerkt, dass auch im Erfolgsfalle Schmerzen das Los (wohl: der Verschwörer und des Volks) sein würden, weil das Attentat zu spät gekommen wäre, um sich nicht »unter fremdes joch« beugen zu müssen: »Die frist ist abgelaufen / Da noch zu greifen war der rat der stunde.« (S. 23).

Damit wird die ganze Tragik der Verschwörung des 20. Juli auf den Punkt gebracht.[38] Nachdem beide Brüder die klare Einsicht in diese unglückliche Verkettung erlangt haben, beginnt Berthold in geradezu romantischer Manier dem Gedicht eine fast magische Qualität zu geben, weil er sich vorstellt, die »kampfgefährten denen wir vertraut« träten gleichsam »aus verwunschnen schatten«, nun mit erhobenen Händen den Schwur zu sprechen, der sich eng [d.h. oft wörtlich, teils paraphrasierend] an den tatsächlichen Wortlaut dieses Schwurs anschließt.

---

[38] Siehe Bernd Rüthers: *Verräter, Zufallshelden oder Gewissen der Nation? Facetten des Widerstands in Deutschland.* Tübingen 2008, S. 74: »Für eine Wende war es, so oder so, zu spät. Niemand wußte das besser als Claus Schenk von Stauffenberg und Henning von Tresckow.« Siehe einschlägig auch den Titel des Buches von Otto John: *»Falsch und zu spät«. Der 20. Juli 1944.* München 1984.

Die sagenhafte Szenerie gibt dem Ganzen etwas Unwirkliches, ja Kontrafaktisches. Das Licht des Monds und der Sterne lässt »ein elfisch weben an den tujabäumen« erscheinen (S. 23). Die Zusammenarbeit der Verschwörer wird durch die im Wechselgesang zitatweise vorgetragenen Auffassungen als Schwurgemeinschaft poetisch verdichtet, denn einen solchen gemeinsam geleisteten Schwur aller an der Verschwörung Beteiligten hat es nicht gegeben. Aber Alexander nutzt das Gedicht, um nochmals die starke ethische Verpflichtung der Verschwörer herausstellen, die auf ein untadeliges Leben, auf Gehorsam und Dienst sowie ein unverbrüchliches Schweigen und Solidarität abzielen. Erst vor der Vergewisserung dieser solidarischen Gemeinschaft als einer Verkörperung des Willens zur Rechtlichkeit kann nun auch für Claus die notwendige Konsequenz gezogen werden, die zu formulieren Berthold überlassen wird. Dessen Satz schließt auch das Gedicht *Vorabend* ab: »Dein ist die tat« (S. 25). Diese Tat ist somit Claus zwar überantwortet, aber er verantwortet sie nicht allein, weshalb man sie vor dem Hintergrund der dichterisch inszenierten Zwiesprache mit seinem Bruder auch nicht schlechthin als Gewissenstat qualifizieren kann; das Wort *Gewissen* taucht im gesamten Gedicht denn auch nicht auf.

Alexander von Stauffenberg hat eine hypothetische Gesprächssituation zwischen seinen Brüdern fingiert, um die zentralen Probleme ethischer und politischer Natur, die mit dem Attentat verbunden waren, anzusprechen. Es ging ihm also um eine Stilisierung des gedanklichen Gehalts bzw. des ethisch–rechtlichen Gewichts der Tat, nicht um eine epische Schilderung dieser Tat selbst, etwa in balladesker Form wie z.B. in Schillers *Bürgschaft*. Das erscheint auch als stimmige Entscheidung, weil die Konzentration auf das faktische Handeln als Handlung des Gedichts gewiss nicht die enorme symbolische Last hätte tragen können, die im *Vorabend*–Gedicht zu finden ist. Denn der bloßen Faktizität der Tat selbst fehlte ohne die entscheidende Motivierung etwas Wesentliches. Gerade weil das eigentliche Geschehen des 20. Juli in Alexander von Stauffenbergs Gedicht kontrafaktisch ausgeblendet bleibt, öffnet dieses gleichsam einen Denkraum, in dem über den konkreten Anlass des Gedichts hinaus die Frage nach dem Leben der Völker in Freiheit und Gerechtigkeit gestellt zu werden vermag.

Die Verwendung von Topoi wie dem Dolch bzw. dem gezückten Stahl als Tatwaffe unterstreicht die symbolische Bedeutung der im Gedicht imaginierten Szenerie im Gegensatz zu einer mimetisch–dokumentarischen Darstellung, die sich an die ermittelten Tatsachen halten müsste – und wie es dem *Histo-riker* Alexander von Stauffenberg eigentlich angemessen gewesen wäre. [39]

Damit wird Claus Stauffenberg in eine zeitlich entrückte Sphäre befördert und in archetypischer Weise heroisiert, wie es einer generellen Tendenz der Biographik des George–Kreises entspricht. [40] Nicht nur wäre der Dolch ein zweifellos höchst unpraktisches Instrument des Tyrannenmords gewesen, vielmehr hätte diese Waffe auch nicht den logistischen Notwendigkeiten des Attentats entsprochen, für die nur ein Sprengsatz mit Zeitzünder in Frage kam [nachdem verschiedene Pläne, Hitler mittels Pistole(n) zu erschießen, sich auch nicht realisieren ließen]. Der Verweis auf den Dolch macht auch für sich genommen schon klar, dass das dichterisch gestaltete Gespräch keine histori-sche Wirklichkeit für sich beansprucht. Vielmehr dient hier eine fiktionalisier-te Gesprächssituation als Mittel dafür, das Attentat als die georgeanische Tat eines georgeanischen Täters zu stilisieren – und dies geschieht in georgeanischer Form und Sprache. Dies wird noch durch die vom Küpper Verlag verwendete Typographie des Bandes unterstrichen.

Das Dialoggedicht enthält mit den durch einfache Anführungsstriche als Zitate gekennzeichneten Sätzen des Schwurs, die mit verteilten Rollen wie rezitierend vorgetragen werden, eine im wahrsten Sinne des Wortes beschwö-rende Note. So wie die Verschwörer durch den Schwur die Vision eines ihrer Auffassung nach besseren Deutschland – also z.B. kein egalitär–demokratisches, sondern eines, das auf einer Art natürlichen Aristokratie beruht (S. 24) – heraufbeschwören, so beschwört Alexander von Stauffenberg die Erinnerung an das Attentat, das hier trotz seines Scheiterns als für die Selbstbehauptung der Deutschen von großer Bedeutung erscheint. An anderer Stelle, in der wenig bekannten Ansprache Stauffenbergs in den Münchener Kammerspielen, betont er vor dem Hintergrund der politisch erfolglosen antiken Tyrannen-morde die »seit je gehegte Überzeugung, daß der Versuch, den Tyrannen zu

---

[39] Siehe z.B. auch Stauffenberg: *Die deutsche Widerstandsbewegung* (wie Anm. 8), S. 174.

[40] Reiser: *Totengedächtnis* (wie Anm. 13), S. 344, bemerkt ausdrücklich, die Heroisierung der tragischen Helden Claus und Berthold folge »vorbildlich den vormodernen Mustern ritter-licher Treue und antiker Tyrannenmörder«. Siehe dort S. 346 auch den Verweis auf ein weiteres Totengedicht Rudolf Fahrners auf Claus von Stauffenberg, in dem dieser »in der beschönigenden Bildsprache antiker Tyrannenmörder, welche die Realität des Bombenat-tentats überdeckt« habe, gezeichnet werde. Vgl. auch Ann–Christin Boleyn: *Dichter und Helden. Heroisierungsstrategien in der Biographik des George–Kreises* (Klassische Moderne 32). Würzburg 2017.

beseitigen, selbst wenn er zu spät kam, selbst wenn er scheiterte, notwendig war, nicht etwa um des Auslands willen, sondern für das Selbstbewußtsein der Nation, der einmal sichtbar werden mußte, daß hinter der Fassade der Fäulnis und des Verbrechens das geheime Deutschland noch lebendig war und sich im Opfergang von Hunderten entsühnte [...].«[41]

Es ist nun sicher nicht richtig, den Schwur selbst schon als »Gedicht« anzusehen.[42] Aber Alexander von Stauffenberg macht in seinem *Denkmal* aus dem Schwur ein Gedicht im Gedicht, indem er den Text in gebundene Rede überführt und dazu teils Umstellungen und Wortersetzungen vornimmt, die eine Tendenz zur Poetisierung erkennen lassen. So wird »wollen« zu »ersehnen«, die »Gemeinschaft der abendländischen Völker« wird zum »ring der abendlichen völker«, die »grossen Überlieferungen unseres Volkes« werden zum »entscheid / Der waltenden geschicke unsres volkes«, die »Neue Ordnung« wird ersetzt durch »fug«, aus »überwindet« wird »scheuchend« und »aus allen Schichten des Volkes« macht Alexander von Stauffenberg den »ganzen stamm / Vom wurzelgrund des stoffs bis in die krone / Des geistes« (S. 23–24).

Das »Wir« des Schwures unterstreicht die gemeinschaftliche Natur der Tat, denn wenn auch Claus derjenige ist, auf den sich der Begriff der »Tat« – das letzte Wort des Dialoggedichts – konzentriert, ist doch seine Tat nicht denkbar ohne die »kämpfer«, die solidarisch an seiner Seite stehen und die hiermit für eine nicht–nationalsozialistische Zukunft bürgen.

Stauffenberg, Remer und der welthistorische Sinn des 20. Juli 1944

Alexanders ehemaliger Schulkamerad, der Braunschweiger Generalstaatsanwalt Fritz Bauer, wünschte, dass jener sich in seinem Prozess gegen den Major Otto Ernst Remer, der sich in der Nachkriegszeit von Gesinnungsgenossen als angeblich maßgebliche Figur der Niederschlagung des Aufstandsversuchs am 20. Juli feiern ließ, als Zeuge der Anklage zur Verfügung stelle.[43] Das hat Alexander indes nicht getan, aber die Tragweite des Prozesses sowie der ihm zugrunde liegenden politischen Entwicklung standen ihm gleichwohl klar vor

---

41 Alexander von Stauffenberg in: *Wider die trägen Herzen. Zur zehnjährigen Wiederkehr des »20. Juli 1944«*, hrsg. vom Arbeitskreis 20. Juli. München o.J. [1954.], S. 29–31, hier S. 30.

42 So aber Jakobus Kaffanke OSB: *Das Christliche bei Claus Philipp Maria Schenk Graf von Stauffenberg*, in: *Es lebe das ›Geheime Deutschland‹!*, hrsg. von Kaffanke/Krause/Weber (wie Anm. 5), S. 59–70, hier S. 70.

43 So Norbert Frei: *1945 und wir. Das Dritte Reich im Bewußtsein der Deutschen*. München 2009, S. 153.

Augen. Er engagierte sich offensiv für eine Erinnerungskultur in Sachen Widerstand, so etwa als eines der Mitglieder des »Arbeitskreises 20. Juli«, dessen Gedenkveranstaltung vom 13. Mai 1954 in den Münchener Kammerspielen in einer Broschüre dokumentiert wurde. [44] Alexander von Stauffenberg war zudem im Rahmen des Hilfswerks 20. Juli 1944 u.a. als Mitglied des Kuratoriums aktiv. [45]

In einer Rede, die sieben Jahre nach dem Attentat gehalten wurde, vertieft er die Analyse der geschichtlichen Bedeutung des Attentatsversuchs und stellt den Gegenwartsbezug eindeutig heraus. Denn eigentlich, so meint er zunächst, könnte oder sollte man »die Toten ruhen lassen, weil man sich ihres lebendigen Erbes, ihres weiterwirkenden Vermächtnisses im Stillen sicher ist, ohne ihrer pathetisch zu gedenken.« Stauffenberg würde denn auch am liebsten schweigen. Aber er kann es nicht, weil in Niedersachsen mit der Sozialistischen Reichspartei eine »neofaschistische Bewegung« entstanden sei, in der »ein gewisser General Remer eine führende Rolle« spiele, welcher öffentlich die »Denunziation der Widerstandskämpfer des 20. Juli 1944« betrieben habe. [46] Remer wirke als »markiger Propagandist«, als »Trommler, als dröhnender Reden– und Fahnenschwinger«; in Wirklichkeit gehöre dieser aber nach dem Geschehenen in die »Stille, wo man nicht von sich reden macht«. Remer aber habe die Öffentlichkeit gesucht, statt sich zu seinem Irrtum zu bekennen; sein Dasein sei auf einer Lüge aufgebaut, da der von ihm und anderen mitverschuldete »Opfergang von Helden« herabgewürdigt werde, »nur um dadurch die eigene Fragwürdigkeit, Felonie, Verworfenheit als vaterländische Großtat glorifizieren zu können.« Dieser »verächtlichen Anklage unserer gemarterten Toten« würden nun aber in Niedersachsen Tausende zujubeln, so dass ein

---

[44] Manfred Kittel: *Die Legende von der »Zweiten Schuld«. Vergangenheitsbewältigung in der Ära Adenauer.* Berlin 1993, S. 198; *Wider die trägen Herzen* (wie Anm. 41). Diese Broschüre wurde in Bayern sowie im übrigen Bundesgebiet insgesamt in 20.000 Exemplaren verteilt; zum Arbeitskreis gehörten auch Persönlichkeiten wie Erich Kästner, Hans Werner Richter oder Hildegard Hamm–Brücher. Siehe Nicole Götzelmann: *Der „Arbeitskreis 20. Juli" – Ein vergessenes Kapitel Münchner Stadtgeschichte aus dem Archiv der Monacensia,* in: Blog Münchner Stadtbibliothek vom 26. Juli 2023, [https://blog.muenchner-stadtbibliothek.de/der-arbeitskreis-20-juli-muenchner-stadtgeschichte-literaturarchiv-monacensia/], 19.05.2024.

[45] Rüdiger von Voss: *Das Vermächtnis des Staatsstreichs vom 20. Juli 1944. Rezeption und historische Wahrnehmung des Widerstandes.* Berlin 2024, S. 389–390; Mario H. Müller: *Fabian von Schlabrendorff. Ein Leben im Widerstand gegen Hitler und für Gerechtigkeit in Deutschland.* Berlin 2023, S. 248.

Punkt erreicht sei, »wo wir uns Rechenschaft ablegen müssen über den Sinn des Kampfes, der am 20. Juli 1944 seinen Höhepunkt erreichte und zugleich zusammenbrach, denn was im Bereiche des Handelns und der Tat, der Geschichte und ihrer Faktizität gescheitert ist, das lebt weiter als Impuls und Regung, als Erbe und Vermächtnis in der Zone des Geistes.« [47]

Stauffenberg spricht ausdrücklich von dem Anteil dieser Erbschaft »an der geistigen Situation unserer Zeit«, und es gehöre zur Auseinandersetzung damit, sich den »Kreuzweg unserer Freiheitskämpfer« noch einmal zu vergegenwärtigen, und zwar »bis ans bittere Ende«, weil es eben einen »überdauernden Sinn ihres Opfers« gibt, über den man sich Klarheit verschaffen müsse. [48]

Gegenüber Kantorowicz bestimmte Alexander von Stauffenberg schon Ende 1947 das Ziel des Widerstands seiner Brüder als »eine sehr bittere Wirklichkeit: für die Ehre statt der Schmach, die Würde statt der Fratze eines geschlagenen Volkes, in dem wir vielleicht gebrandmarkt gewesen wären, wenn die Brüder und die ihren überdauert hätten.« [49] Alexander von Stauffenbergs Einstellung zu dem, was man später etwas unglücklich Vergangenheitsbewältigung nennen sollte [50], hat er mit großer Klarheit auch in einer Gedenkrede, die wohl ungefähr aus dem Jahr 1948 stammt und als ganzes offenbar bisher nicht veröffentlicht wurde, folgendermaßen zum Ausdruck gebracht: »Was wir indessen von der absonderlichen theologischen Erfindung einer deutschen Kollektivschuld – wann hätte es in 5000 Jahren Weltgeschichte dergleichen gegeben – zu denken haben, darauf geben die Blutzeugen der deutschen Erhebung die Antwort [...]. Darum sind nicht hunderte der edelsten Deutschen für die Freiheit ihrer Heimat und Europas ungebrochen in einen grauenhaften

---

46 Stauffenberg: *Die deutsche Widerstandsbewegung* (wie Anm. 8), S. 156–157. Zum Remer-Prozess siehe auch Regina Holler: *20. Juli 1944 – Vermächtnis oder Alibi? Wie Historiker, Politiker und Journalisten mit dem deutschen Widerstand gegen den Nationalsozialismus umgehen. Eine Untersuchung der wissenschaftlichen Literatur, der offiziellen Reden und der Zeitungsberichterstattung in Nordrhein–Westfalen von 1945–1986* (Kommunikation und Politik 26). München 1994, S. 121–28.

47 Stauffenberg: *Die deutsche Widerstandsbewegung* (wie Anm. 8), S. 157–158.

48 Stauffenberg: *Die deutsche Widerstandsbewegung* (wie Anm. 8), S. 158.

49 Zitiert nach Riedel: *Geheimes Deutschland* (wie Anm. 29), S. 16.

50 Bisher nicht durchgesetzt hat sich der Vorschlag Wolfgang Schullers, man solle, da die Vergangenheit ohnehin nicht bewältigt werden könne, auf Vergangenheitsklärung setzen. Siehe Wolfgang Schuller: *Anatomie einer Kampagne. Hans Robert Jauß und die Öffentlichkeit.* [Leipzig] 2017, S. 134.

Tod gegangen, damit wir uns jetzt in flagellantenhafter Selbstbezichtigung ergehen. Als Deutsche tragen wir mit an der Kriegsschuld und dem Blute, das eine verbrecherische deutsche Regierung mit tausenden ihrer Satelliten sehr gegen unseren Willen auf sich geladen hat. Und wir tragen die Folgen, einem Gesetze der Geschichte gemäß, wie es von jeher gegolten hat.« [51]

In der bereits erwähnten weiteren Rede, die sieben Jahre nach dem Attentat gehalten wurde, vertieft er seine Analyse und ordnet dem Widerstand vom 20. Juli einen eminent welthistorischen Sinn zu. Dieser habe »europäische, ja menschheitliche Bedeutung« und einen »weltgeschichtlich überzeitlichen Rang«. [52] Er spricht angesichts der damaligen Weltsituation von einer Welt, die aus den Fugen sei; es handele sich um eine »Welt der Verworrenheiten, in der schon die Nietzsche'sche Schreckens–Vision des letzten, des gemeinsten, der atomisierten Massen–Menschen herauf dämmert«, um eine Welt »der Kontinente und Weltmeere umspannenden Kriege und Ereignisse, die innerlich leer, eitel und gehaltlos sind [...].« In einer solchen Welt erscheine »der Miß-erfolg des 20. Juli als das einzige Ereignis, das ganz reich und geschlossen, mit Sinn beladen und mit Geist erfüllt war« [...]. [53]

Stauffenberg rückt emphatisch diese Bedeutung in den Vordergrund, wenn er sogar im Widerstand den »letzten weltgeschichtlichen Auftritt [...] der Deutschen« erkennt. [54] Damit wird die Rolle Claus von Stauffenbergs und

---

[51] Zitiert nach Riedel: *Geheimes Deutschland* (wie Anm. 29), S. 219–220.

[52] Stauffenberg: *Die deutsche Widerstandsbewegung* (wie Anm. 8), S. 160. Dem korrespondierte jedoch auf Seiten der Kriegsgegner eine massive Marginalisierung dieses Widerstands, dem z.B. in Churchills Darstellung des Zweiten Weltkriegs gerade einmal ein Drittel einer Seite gewidmet wurde. Siehe David Reynolds: *In Command of History. Churchill Fighting and Writing the Second World War.* London 2005, S. 454–455. Churchill schreibt zwar, die Rache Hitlers gegen alle, die der Beteiligung an der Verschwörung verdächtigt wurden, »makes a terrible tale«, aber diese Geschichte selbst erzählt er gerade nicht. Siehe Winston S. Churchill: *Triumph and Tragedy* (The Second World War 6). Boston 1953, S. 28.

[53] Stauffenberg: *Die deutsche Widerstandsbewegung* (wie Anm. 8), S. 159–160.

[54] Stauffenberg: *Die deutsche Widerstandsbewegung* (wie Anm. 8), S. 176. An dieser Stelle zitiert er auch den letzten Ausruf seines Bruders Claus als »Es lebe unser heiliges Deutschland!« Dies entspricht der Darstellung von Zeller: *Geist der Freiheit* (wie Anm. 5), S. 399. An anderer Stelle spricht Zeller von Stauffenbergs Wort vom »Heiligen Deutschland«, »das geheimnisvoll – und manchem zum Ärgernis – fortwirkt.« Siehe Eberhard Zeller: *Vom Erbe, das Entscheidung verlangt,* in: *Bekenntnis und Verpflichtung* (wie Anm. 8), S. 124–142, hier S. 142. Vgl. Raulff: *Kreis ohne Meister* (wie Anm. 20), S. 420, der in einem für eine historische Darstellung etwas seltsamen Stil unterstellt, Zeller halte in bezug auf Stauffenbergs letzte Worte »seine Deutungspferde im Zaum«.

seiner Mitverschwörer gleichsam geschichtsphilosophisch überhöht und mit einem außerordentlichen Gewicht versehen, dadurch aber auch seine Tat noch im Scheitern monumentalisiert. Entscheidend ist hier offensichtlich nicht Erfolg oder Scheitern der Tat, sondern diese selbst. Und wenn es die Tat selbst als eine geschichtliche ist, die hier in Rede steht, kann es auch nicht nur um Ethik oder Moral gehen; ebenso wenig ist dann aber die Tat, wie Alexander von Stauffenberg sie poetisiert, damit schon hinreichend gekennzeichnet, sie sei »vor allem eine symbolische Tat« gewesen. [55] Denn im Letzten scheint es hier um nichts Geringeres als Geschichtsphilosophie zu gehen. Das unterscheidet diese Form des Gedenkens von einem Ansatz, dem es vor allem darum ginge, Lehren aus der Geschichte zu ziehen, denn solche Lehren könnten, so Jürgen von Kempski bereits 1949, nur dann aus ihr gezogen werden, »wenn man auf ihren tatsächlichen Verlauf sieht und nicht auf die historische Legende, die sich über die Ereignisse des 20. Juli bereits legte, ehe noch der Tag zu Ende gegangen war.« [56]

Der 20. Juli 1944 im kulturellen Gedächtnis des 21. Jahrhunderts

Die Rolle des Dialoggedichts von Alexander von Stauffenberg für die Bewahrung der Erinnerung an die Tat seines Bruders Claus sowie der ideellen Mittäterschaft Bertholds ist für das, was man heute kulturelles Gedächtnis oder Memorialkultur nennt, nicht sehr bedeutend gewesen. Der geringe Bekanntheitsgrad des Gedichts außerhalb kleiner Fachkreise spricht für eine ausnehmend geringe Bedeutung poetischer Zeugnisse für das Geschichtsbild, jedenfalls in heutiger Zeit. So könnte es jedenfalls scheinen, wenn man vergleichend auf das breite Spektrum medialer Inszenierungen blickt, die von dem kontro-

---

[55] Vgl. Joachim Fest: *Staatsstreich. Der lange Weg zum 20. Juli.* Berlin 1994, S. 342–343. Symbolisch kann die Tat nur wegen ihres Scheiterns sein. Zu den Gründen für das Scheitern, die sich »mit kalter, unerbittlicher Logik« addiert hätten, siehe Barbara Koehn: *Der deutsche Widerstand gegen Hitler. Eine Würdigung.* Berlin 2007, S. 282–288.

[56] Jürgen von Kempski: *Betrachtungen zum 20. Juli,* in: Ders.: *Recht und Politik. Studien zur Einheit der Sozialwissenschaft* (Schriften 2). Frankfurt/M. 1992, S. 321–333, hier S. 333.

vers diskutierten Hollywood–Film *Valkyrie* [dt. *Operation Walküre – das Stauf-fenberg–Attentat*; 2008] mit Tom Cruise in der Rolle des Grafen Stauffenberg [57] über Theaterstücke wie *Stauffenberg. Eine Ästhetik des Widerstands* [58] bis zur didaktisch zeitgemäßen Form der graphic novel reicht, mittels derer inzwischen auch der 20. Juli auf erstaunlich gelungene Weise zur Darstellung gebracht wurde. [59]

Es entspricht gewiss einer überzogenen Vorstellung von geschichtlicher Teleologie, wenn man Fahrners abschließenden Kommentar zu den Dichtun-gen in der Sammlung *Denkmal* ganz ernst nehmen wollte, es erscheine das *Denkmal* als »etwas · das so sein sollte: dass die brüder ihn · den glühendsten hasser des niedrigen und gemeinen · gegen das sie aufstanden · nicht in das tatgeschehn hineinzogen und ihn dadurch bewahrten · so dass diese dichte-rische kunde entstehen konnte.« (S. 59).

Die Suggestion, hier walte gleichsam ein höherer Sinnzusammenhang, ge-hört zu rhetorischen Übertreibungen Fahrners, der auch andernorts zu einer quellenkritisch betrachtet problematischen Dramatisierung zu neigen scheint. [60]

Das Dialoggedicht Alexander von Stauffenbergs wird ohne jeden Zweifel nie zu den populären künstlerischen Bearbeitungen und medialen Inszenie-rungen des »20. Juli 1944« gehören, zumal es als dichterische Leistung auf-grund seiner starken Nachahmung Georges im Letzten epigonal bleiben muss. Aber in einer solchen literaturgeschichtlichen Bewertung erschöpft sich dessen

[57] Peter Steinbach: *Historiker Steinbach: die unsäglichen Fehler im Film »Operation Walküre«.* In: *Hamburger Abendblatt*, 22. Januar 2009, [https://www.abendblatt.de/kultur-live/ article106775690/Historiker-Steinbach-Die-unsaeglichen-Fehler-im-Film-Operation-Walkuere.html], 12.06.2022; Gerhard Paul: *Wagners Walkürenritt. Aus dem Orchestergraben auf das Schlachtfeld des (post–)modernen Krieges*, in: *Sound der Zeit. Geräusche, Töne, Stim-men 1889 bis heute*, hrsg. von Gerhard Paul/Ralph Schock. Göttingen 2014, S. 263–269, hier S. 267.

[58] Lars Jacob: *Stauffenberg. Eine Ästhetik des Widerstands*, Theaterstück. Leipzig 2014. Noch 2007 hatte Hartmut von Hentig: *Nichts war umsonst. Stauffenbergs Not.* Göttingen 2008, S. 57, zu dieser auffälligen Leerstelle konstatiert: »Ein Drama, das den Widerstands–Kämp-fern und Aufstands–Tätern gewidmet ist, gar ihnen huldigt, fehlt uns.«

[59] Niels Schröder: *20. Juli 1944. Biographie eines Tages.* Berlin 2019.

[60] Vgl. Fahrner: *Gesammelte Schriften II* (wie Anm. 9), S. 252, mit Karlauf: *Stauffenberg* (wie Anm. 4), S. 241–242, 342 Anm. 39; Zeller: *Vom Erbe, das Entscheidung verlangt* (wie Anm. 54), S. 136.

Bedeutung nicht. So kann man sich durchaus eine akustische Gestaltung im Rahmen eines Hörstücks vorstellen, die aus der Fremdartigkeit seiner dichterischen Sprache Funken schlägt.

Doch allein die stark an Stefan Georges poetische Praxis angelehnte Dichtungssprache stellt grammatisch–syntaktisch sowie semantisch dem Verstehen manches Hindernis in den Weg. Die archaisierende Tendenz mit einem heute maniert wirkenden Stil fordert beim Lesen oder Hören höchste Konzentration. Gerade das aber zwingt diejenigen, die sich durch eine solche dichterische Sprache ansprechen lassen, zu einer intensiven Relektüre und damit wiederholter Reflexion auf die verwendeten Bilder und Formeln des Schwurs, der in der größten Not als ideeller Kern einer im wahrsten Sinne des Wortes verschworenen Gemeinschaft erscheint.

Gerade weil Alexander von Stauffenbergs Gedicht nicht eingängig ist, verdient es, Teil des kulturellen Gedächtnisses an den 20. Juli zu sein – als eines der bedeutenden nicht–materiellen Denkmäler für den Widerstand gegen den Nationalsozialismus. [61] Denn es repräsentiert in Form und Sprache, aber auch im Ideengehalt, eine kategoriale Fremdheit, an der man sich immer wieder neu abarbeiten muss. Zugleich lehrt uns eben diese Fremdheit auch Vorsicht vor allzu wohlfeilen Aktualisierungen des Widerstandsgedenkens. [62] Man darf in diesem Zusammenhang zudem nicht vergessen, dass Alexander von Stauffenberg in der frühen Bundesrepublik alles andere als ein politischer Konformist war und sich keineswegs unkritisch affirmativ zum westlichen Teilstaat verhielt, den er im Gegenteil mit scharfen Worten für einen »greisen Polizeistaat Metternich'scher Observanz« hielt. Das dürfte auch einer der Gründe dafür sein, warum er in der Widerstandsgeschichtsschreibung der DDR eine durch-

[61] Vgl. zur materiellen Variante inklusive der Inschriften jetzt Josef D. Blotz: *Denkmäler für den Widerstand gegen den Nationalsozialismus. Topographie einer deutschen Erinnerungslandschaft am Beispiel des 20. Juli 1944.* Berlin/Boston 2024.

[62] Siehe zum Thema der Fremdheit von Vergangenheit mit Blick auf den Bau von Brücken des Verstehens statt des »Aktualisierens« die Ausführungen von Michael Stahl: *Das Schöne und die Politik. Für eine andere Moderne.* Dresden 2018, S. 61–87, hier S. 63, ausgehend von dem sogenannten Schwur, den Berthold und Claus von Stauffenberg mit Hilfe Rudolf Fahrners verfassten. Stahl weist auch knapp darauf hin, dass Alexander von Stauffenberg »in seiner poetischen Fassung des Schwurs, die kurz nach Kriegsende entstand, die angestrebte Ordnung« als »fug des volkes« bezeichnet hatte (S. 84).

aus positive Würdigung erfuhr, während er in der Bundesrepublik eher als Außenseiter wahrgenommen wurde.[63] Heute kann mit größerem historischen Abstand jenseits dieser Divergenzen schlicht konstatiert werden: Alexander von Stauffenbergs dialogisches Gedicht *Vorabend* ist eine poetisch eindrucksvolle Veranschaulichung seiner Brüder und ihres Schicksals. Berthold und Claus von Stauffenberg werden durch die dichterische konzentrierte Präsentation nicht nur als Angehörige des George-Kreises in Erinnerung gerufen, sondern auch als außerordentlich reflektierte Handelnde [»Täter«], die aus dem Strom der Geschichte herausragen und wegen ihres tragischen Scheiterns ein fortdauernder Anstoß für das unabhängige Denken sein werden.[64]

[63] Siehe Kurt Finker: *Stauffenberg und der 20. Juli 1944.* 7., überarbeitete Auflage. Berlin 1989, S. 309–311 Anm. 7. Das Zitat (hier S. 310) entstammt einem Beitrag Stauffenbergs für die *Blätter für deutsche und internationale Politik* Nr. 10 (1958), S. 735–737, wo er weiterhin sagt: »Es ist aber darüber hinaus das selbstverständliche Recht des souveränen Volkes, vollends, wenn es vor der Wahl durch die Regierungspropaganda getäuscht und betrogen war, seinen Widerstand durch Demonstrationen, Kundgebungen u. dgl., m. E. auch durch plebiszitähnliche, freilich unverbindliche Abstimmungen, aber auch durch Generalstreik zu bekunden«. In einem anderen Zusammenhang, nämlich der Diskussion um die *Synchronoptische Weltgeschichte* von Arno und Anneliese Peters, bestand Alexander von Stauffenbergs Motiv zur Stellungnahme in der Hoffnung, »dazu beizutragen, daß gewisse unverantwortliche Methoden der politischen Propaganda, die sich aller erdenklichen Mittel der Verleumdung, der Ehrabschneidung, ja der direkten Fälschung bedienen, bei der Beurteilung einer geistigen Leistung in unserem Land für alle Zukunft geächtet werden.« *Stauffenberg: Die synchronoptische Frage. Eine Dokumentation.* Frankfurt/M. 1954, S. 7. Siehe dazu Christ: *Der andere Stauffenberg* (wie Anm. 7), S. 80–83.

[64] Exemplarisch sei daher hingewiesen auf die jüngst publizierten eindringlichen Reflexionen über Stauffenberg und den Widerstand von Karl Jaspers: *Vom unabhängigen Denken. Hannah Arendt und ihre Kritiker.* Nachgelassene Fragmente, hrsg. von Georg Hartmann. Basel 2022, S. 244–257.

Eyke Isensee

Der 20. Juli im Spielfilm

Historische Ereignisse und Personen von besonderer Bedeutung erfreuen sich seit jeher einer großen Beliebtheit als Themen für Spielfilme. Diese Filme sind in erster Linie Wirtschaftsgüter, die verkauft werden sollen. Dies gelingt nur, wenn sie über einen gewissen Unterhaltungswert verfügen. Im Zusammenhang mit dem 20. Juli 1944 ist es immer wieder Oberst Claus Schenk Graf von Stauffenberg, der als Figur die Hauptrolle in den Spielfilmen um das Attentat auf Hitler spielt. Seine Person ist den Filmproduzenten als Sympathieträger genauso wichtig wie der Generalfeldmarschall Erwin Rommel.

Es ist an dieser Stelle nicht tunlich, auf alle Spielfilme einzugehen, die sich mit dem Attentat auf den »Führer« befassen. Das hat bereits ziemlich umfassend Drehli Robnik [1] getan, wie in seiner Publikation zu lesen ist. Anfang des Jahres 2009 hat er sein Werk im Institut für Medienforschung der HBK Braunschweig vorgestellt. Die Spielfilme orientieren sich im Bezug auf ihre Handlung alle mehr oder weniger genau an den tatsächlichen Begebenheiten um das Sprengstoff–Attentat im »Führerhauptquartier« Wolfsschanze in Ostpreußen. Die nach der Explosion entstehende Ratlosigkeit und »Verwirrung« bei den Verschwörern um das Gelingen oder Nicht–Gelingen des Anschlags nimmt unterschiedlich viel Zeit ein – ebenso die sich anschließende Flucht bzw. Verfolgung der Beteiligten und die ersten Hinrichtungen. Die Spannung bleibt allemal stets erhalten, obwohl die Zuschauer ja um den »Ausgang« der Ereignisse wissen. Diese sind auch in der reichlich zur Verfügung stehenden Literatur nachzulesen. Abschließend zu diesen einführenden Worten sei noch einmal darauf hingewiesen, dass historisches Wissen und Geschichtsbewusstsein in nicht zu unterschätzendem Maße vom Spielfilm beeinflusst werden. Bei allen damit verbundenen Gefahren der Geschichtsklitterung spielen der Unterhaltungscharakter und der zumeist »plausible Handlungsablauf« eine große Rolle. Diese Betrachtungen legen eine Auseinandersetzung auch mit dem 20. Juli 1944 im Spielfilm nahe.

---

[1] Drehli Robnik: *Geschichtsästhetik und Affektpolitik. Stauffenberg und der 20. Juli im Film 1948–2008.* Wien 2009. Die Zitate im Text, wenn nicht anders ausgewiesen, sind den jeweiligen Filmtexten entnommen. In den Angaben zu den Filmen stehen abgekürzt die Herstellungsländer (D = Deutschland, A = Österreich); ferner R = Regie, U = Uraufführung.

Der 20. Juli
D 1955, R: Falk Harnack, U: 21. Juni 1955

Informationen zum Film

Was bleibt angesichts der oben schon angesprochenen großen Menge an Spielfilmen also zu tun? Man kann allen in Frage kommenden Filmen eine Kurzbeschreibung angedeihen lassen; das wäre dann in gewisser Weise jedoch eine »Dünnbrett–Bohrerei«. Oder man entscheidet sich für einen Film und geht etwas umfänglicher und detaillierter darauf ein; das soll hier geschehen. Die Entscheidung fiel auf den Film *Der 20. Juli*[2], D 1955, R: Falk Harnack, U: 21. Juni 1955. Nur wenige Tage vorher, am 19. Juni 1955, wurde der Film *Es geschah am 20. Juli*, R: G. W. Pabst, uraufgeführt. Beide Filme sind die ersten mit dieser Thematik, die in Deutschland gedreht wurden. In diesem Zusammenhang sei daran erinnert, dass sich – abgesehen von den wenigen Trümmerfilmen wie *Die Mörder sind unter uns* – erst mit der Trilogie *08/15* für ein breites Kino–Publikum der Themenbereich »Wehrmacht / Zweiter Weltkrieg« 1954/55 durchsetzt. Der Regisseur Falk Harnack war Bruder von Arvid Harnack, Mitglied der Widerstandsgruppe »Rote Kapelle«, der im Dezember 1942 im Strafgefängnis Berlin–Plötzensee auf Befehl Hitlers gehängt wurde. Falk Harnacks Cousin war Ernst von Harnack, der am Widerstand um den 20. Juli teilgenommen hatte. Vom Volksgerichtshof wurde er zum Tod durch den Strang verurteilt und am 5. März 1945 in Plötzensee hingerichtet.

Im Braunschweiger Schützenhaus fand am 3. Mai 1951 eine Wahlveranstaltung der *Sozialistischen Reichspartei* (SRP) statt. Der frühere Major und Kommandeur des Berliner Wachbataillons, Otto Ernst Remer, sprach auf dieser Veranstaltung im Zusammenhang mit den Attentätern über die Ereignisse vom 20. Juli 1944. Er war überzeugt, mit seiner Handlung gegen die Attentäter am 20. Juli 1944 vielen deutschen Soldaten das Leben gerettet zu haben. Und die Attentäter waren bereit, Hochverrat zu begehen und sind daher auch Landesverräter gewesen, die vom Ausland bezahlt waren.[3] Der Generalstaats-

---

[2]   Dem Autor ist bekannt, dass Stauffenberg die Augenklappe in diesem Film auf der falschen Seite – also rechts – trägt.

[3]   Vgl. den Beitrag von Gerd Biegel in diesem Band. In Teilen auch wiederholt in einem Fernsehinterview, siehe Interview mit Otto Ernst Remer vom 22. August 1990 [Online-Version: https://archive.org/details/1990-Interview-mit-Generalmajor-Otto-Ernst-Remer]; abgerufen 23.6.2024.

anwalt Fritz Bauer – und hier haben wir noch eine Verbindung nach Braunschweig – war im einwöchigen Prozess im März 1952 gegen Major Remer Vertreter der Anklage. Diese lautete auf »üble Nachrede und Verunglimpfung des Andenkens Verstorbener«, hier der Widerständler.

Der historische Hintergrund des Films

Falk Harnack selbst engagierte sich während der nationalsozialistischen Diktatur im Widerstand. Gemeinsam mit dem Widerstandskämpfer und Schriftsteller Günther Weisenborn erarbeitete er das Drehbuch. Einer der Berater war außerdem Rudolph–Christoph Freiherr von Gersdorff, der eng mit Claus Schenk Graf von Stauffenberg bei der Vorbereitung des Attentats auf Hitler zusammengearbeitet hatte.

Produziert wurde der Film im CCC–Studio in Berlin–Spandau. Die Außenaufnahmen entstanden in Berlin und Umgebung. Der Film erlebte im Rahmen der Internationalen Filmfestspiele Berlin 1955 am 21. Juni 1955 seine Welturaufführung. Schon während der Dreharbeiten entstand ein Wettstreit um die frühere Fertigstellung des Films, da Georg Wilhelm Pabst zur gleichen Zeit zum selben Thema einen Film drehte. Sein Werk mit dem Titel *Es geschah am 20. Juli* hatte seine Uraufführung am 19. Juni 1955. Der Unterschied zwischen beiden Filmen besteht darin, dass Harnack auch dem weiteren Kreis des Widerstands in dem Film eine Stimme gibt, während Pabst sich ausschließlich auf die Ereignisse des 20. Juli konzentriert. In der Rolle Stauffenbergs ist bei Pabst Bernhard Wicki zu sehen.

Der Film *Es geschah am 20. Juli* endet mit der Exekution der Verschwörer im Bendlerblock, der Film *Der 20. Juli* endet mit dem Suizid von Henning von Tresckow. Am Ende des Films spricht ein Voice–over die Schlusssätze: »Mit gutem Gewissen kann Tresckow jetzt vor Gottes Richterstuhl verantworten, was er getan hat. Gott richtet nicht nach dem Erfolg. Er weiß, dass euer Kampf ein Aufstand des Gewissens war.«

Über die Verdienste, die sich Stauffenberg während des Kriegs als Offizier erworben hat, erfährt der Zuschauer so gut wie nichts. Gleiches gilt auch über den Verlust seines linken Auges. Wie sehr viele weitere Militärs fühlte sich auch Stauffenberg während des Krieges zunächst dem Treueid Hitler gegenüber verbunden. Im Herbst des Jahres 1943 entschließt er sich, Widerstand zu leisten und nimmt Kontakt zu Friedrich Olbricht, seines Zeichens General der Infanterie, auf.«[4]

Die Handlung

Der Film erzählt die Geschichte des Attentats auf Adolf Hitler vom 20. Juli 1944. Die Geschehnisse des 20. Juli werden als Rückblende erzählt. Von den beiden sich an die Ereignisse erinnernden fiktiven Personen – die für die Verschwörer arbeitende OKW–Sekretärin Hildegard Klee und den sich vom Hitleranhänger zum Gegner wandelnden Hauptmann Lindner – erzählt der Film die Geschichte eng an den historischen Tatsachen in einem fast dokumentarischen Stil.

Graf Stauffenberg kehrt nach einer Verwundung von Nordafrika [Afrikakorps] nach Berlin zurück und nimmt Verbindung zu seinen alten Freunden auf, den Hitler–Gegnern um Generaloberst Beck. Er erklärt sich auch zur Mitwirkung bei dem geplanten Attentat bereit. Nachdem er eine Bombe in das Führerhauptquartier geschmuggelt und dieses dann verlassen hat, detoniert die Bombe. Vom Erfolg des Anschlags überzeugt, kehrt er nach Berlin zurück. Dort entbrennt ein Kampf um die Befehlsgewalt zwischen den Verschwörern und der Regierung, den die Widerstandskämpfer schließlich verlieren, da Hitler den Anschlag überlebt hat. Sie werden verhaftet, zum Tode verurteilt und schließlich erschossen.[5]

Da es kaum einen Unterhaltungsfilm gibt, der nicht über eine Liebesgeschichte verfügt, wird eine kleine solche in den Film »hineinkonstruiert«. Sie spielt sich zwischen dem Offizier Lindner und der Sekretärin Hildegard Klee ab. Der Text nach dem Vorspann deutet auf den dokumentarischen Charakter des Films hin. Die Hauptakteure sind Personen, die historisch existent gewesen sind – auf der einen oder auf der anderen Seite.

Da der Film neben seiner belehrenden Funktion auch einen Unterhaltungswert haben musste, ist an vielen Stellen mit Dramatik und Spannung gearbeitet worden. Letztendlich können die historischen Vorgänge auch als dramatisch bezeichnet werden. Der Film betrachtet die Ereignisse um den 20. Juli 1944 unter folgenden Fragen:

4   Karl Otmar Freiherr von Aretin: *Olbricht, Friedrich*, in: *Neue Deutsche Biographie* 19 (1999), S. 501–502 [Online-Version: https://www.deutsche-biographie.de/pnd11884332X. html#ndbcontent]; abgerufen 22.6.2024; Herbert Ammon: *Zur Geschichte deutschen Widerstands: General Olbricht, Planer des Unternehmens »Walküre«*, in: *GlobKult Magazin*, 20. Juli 2012; Kurt Finker: *Der 20. Juli 1944 – Militärputsch oder Revolution?*, Berlin 1994, S.70ff.

5   Herbert Ammon: *Widerstand* (wie Anm. 4); Kurt Finker: *Der 20. Juli 1944.* Berlin 1994, S.267 ff.

Wie ist der Widerstand zustande gekommen?
Welche Widerstandskreise hat es gegeben?
Wie haben die Kreise ihren Widerstand begründet?
Wie haben die Gegner des Widerstands ihr Verhalten begründet?
Welche Botschaft vermittelt der Film?
Daraus ergibt sich selbstverständlich auch die Frage:
Was zeigt der Film nicht bzw. was spricht er nicht an?

Protokoll der wichtigsten Szenen und Gespräche ———————————
Am Bahnhof.
Hitlerjunge zu Stauffenberg: »Bahnhofshilfsdienst ist ja nur halber Einsatz.
– Zwei bis drei Jahre noch – unser ganzer Bann meldet sich dann freiwillig,
hat unser Bannführer gesagt«.

Stauffenberg kommt mit dem Taxi in Wannsee an.
Die Leute räumen Trümmer. Ein Mann zu Stauffenberg: »Macht mal bald
Schluss davon, sonst hat das nicht mehr ville Zweck«.

Stauffenberg vor dem Gebäude der Kulturgemeinde:
»Wohnt denn der Professor nicht mehr hier?«.
Mann: »Der Professor ist doch schon lange tot, Herr Graf. – Wenn Sie mich
offiziell fragen – Lungenentzündung. Aber unter uns – KZ!«. Stauffenberg geht
schnell fort.

Stauffenberg besucht einen alten Vorgesetzten.
Vorgesetzter: »Unsinn, lieber Stauffenberg, glauben Sie ihrem alten Lehrer
von der Kriegsakademie. Der Soldat hat sich um Politik nicht zu kümmern.
Das ist oberster Grundsatz. – Prosit«.

Stauffenberg und sein Ordonanz–Offizier am See.
O–Offizier: »Sind wir denn Marionetten, mit denen man machen kann, was
man will – zum Kämpfen gerade gut genug [...]«.
O–Offizier: »Wenn Deutschlands Lage – innen und außen – in der Heimat und
an der Front – so grauenhaft hoffnungslos ist, was geschieht, wann geschieht
es und wie?«.

Stauffenbergs Spiel mit den Wasserkreisen. Er weist darauf hin, dass erst einmal im Zentrum etwas geschehen müsse. Auch Stauffenberg hat eingesehen, dass etwas geschehen muss.

Fliegerangriff. LS–Keller.
Eine Frau: »Drei Angriffe in einer Nacht. Ich danke«.
LS–Wart Nessel: »Wenn schon, hat ja alles keen Druck mehr. Die [Feinde] sind fertig. Die können gegen die Verluste nicht mehr an, was Herr Hauptmann Lindner? Hab ich Recht?«.
An Stelle des Hauptmanns antwortet der Film. In Originalaufnahmen wird die brennende Stadt gezeigt.
Vor dem Haus. LS–Wart: »Ich sag's ja – keen Druck mehr hinter«.
Mann [Widerständler]: »Unsere Nachtjäger, was? Und unsere Flak und überhaupt«.
[…]
Mann: »[…] Volksgenosse Nessel, ich kann Ihnen da keine Auskunft geben […]. Wir müssen nämlich nachts die Wunderwaffe polieren, dass sie nicht einrostet. […] Einsatz für'n Endsieg«.
Nach der Entwarnung. Die Menschen verlassen den LS–Keller.
LS–Wart: »Fräulein […] wegen der Unterkunft machen Sie sich mal keine Sorgen. Es gibt Leute, die noch ganze Etagen bewohnen, ohne weiß Gott ein Anrecht darauf zu haben«. Ein alter Mann, Jude, geht die Treppe hoch.

Keller der Widerstandsgruppe.
Junger Mann ungeduldig: »Plakate malen, doof spielen, warten. Wie lange sollen wir das noch machen? Einen nach dem anderen holen sie von uns ab. Was soll denn aus der Widerstandsbewegung werden, wenn nicht endlich was Entscheidendes passiert?«.
[…]
Junger Mann: »Nun, wer jagt denn die Nazis nun endlich zum Teufel?«.
Älterer Mann: »Das kann nur die Wehrmacht! Oder willst du mit einem Knüppel auf die SS los? – Ich hatte heute eine wichtige Besprechung mit gleichgesinnten Offizieren. Vielleicht dauert es nicht mehr lange«.

In Lindners Wohnung. An der eintönigen Paukenmelodie ist Radio London zu erkennen.

Der damalige Kino-Besucher wird sich an diese Melodie noch erinnern, gleichwohl das »Hören von Feindsendern« verboten war.

Fräulein: »Finden Sie das [Hören des Feindsenders] sehr verabscheuungswürdig?«[…]

Lindner: »Ich möchte Missverständnisse vermeiden. Ich bin kein Denunziant. Aber ich bin Frontoffizier. Und in diesem Schicksalskampf des deutschen Volkes ist die Moral der Heimat wichtig. – Die Front will wissen, wofür sie kämpft«. […]

Fräulein Klee am Fenster – zu Lindner: »Schnell – Dr. Adler [der Jude aus dem LS-Keller], ein Arzt, der oft vergaß, die Rechnung zu schicken. Weil er wusste, unter welchen Opfern sie bezahlt werden musste«.

Dr. Adler wird von der SS zur Deportation mit einem Lastwagen abgeholt. Er will seine heruntergefallene Brille aufheben.

SS-Mann: »[…] mach kein Theater, brauchst keine Brille mehr«.

SS-Quartier. Niedriger Kamerastandpunkt suggeriert, dass der Betrachter ein »heimlicher Beobachter« ist.

Bild des Führers als Ritter – wirkt eher albern. [Das Bild hat es tatsächlich gegeben. Vermerk von Hubert Lanzinger.] Der Obergruppenführer wird äußerst unsympathisch gezeichnet.

Obergruppenführer: »[…] Na dann möchte ich doch wahrhaftig wissen, was das für Leute sind, die uns in den KZs die Haare vom Kopf fressen!?«. […]

Standartenführer: »Zumindest seh' ich bei den Offizieren keine Gefahr, Obergruppenführer. – Solange der Nachschub an Orden und anderen Auszeichnungen nicht ausgeht – «.

Obergruppenführer: »und die Aussicht auf ein Rittergut, direkt vor der russischen Haustür, nicht wahr? […] Die Akten da in den Schränken sind mir zu dünn. Ich möchte, dass wir wissen, was unsere Feinde treiben – Gördeler, Reichwein, Mierendorf, Küfer und all die anderen – und die Herren mit den roten Biesen an der Hose – und die von der schwarzen Fakultät«. […]

Gottesdienst.
Pastor von der Kanzel: »[…] und in den Zuchthäusern unschuldig schmachten, weil sie aufstanden gegen das Böse, weil sie eintraten für unschuldig Verfolgte. Herr, Gott, du bist unsere Zuflucht«.
[…]
Spitzel notiert die Worte des Geistlichen.

Treffen des Widerstands.
Küfer: »Es muss endlich etwas geschehen!«.
Stauffenberg: »Das ist eine gerechte Forderung, Herr Küfer. Wenn wir auch wenige sind, so müssen wir doch die große Fahrt in eine bessere Zukunft beginnen. Sie wird teilweise ein rasendes Tempo annehmen. Es ist aber notwendig, dass sich in Deutschland etwas ganz Neues findet – ein neuer Kern, der zwischen Ost und West ein Leben nach unserem Sinn ermöglicht«.

Lagebesprechung im Führerhauptquartier [persönlich und per Telefon]:
»[…] drei neue russische Panzerkorps wurden fertig gestellt. Weiß das der Führer? Ja, aber mein lieber Keitel, verstehen Sie mich doch; das ist ja keine Zangenbewegung mehr – weil mir die Angriffsgruppe der 4. Armee ja gar nicht zur Verfügung steht. – Nun, […] Aber Keitel, das ist doch völliger Wahnsinn. Ich kann doch einem Schönheitsfehler auf der Landkarte nicht Divisionen opfern. – […] Der Führer – ja, ich bitte darum – der Führer! – – – Heil, mein Führer! Mein Führer, ich habe es für meine Pflicht gehalten, wegen des befohlenen Angriffs rückzufragen. Hier wird wertvolles deutsches Soldatenblut sinnlos geopfert. Ich bitte Sie – «.
Hitler am anderen Ende der Leitung: »Herr Feldmarschall, dieser Angriff wird durchgehend […] Ich befehle Ihnen! Haben Sie mich verstanden?«.
Feldmarschall: »Jawohl, mein Führer«.
Goebbels–Rede im Original. Originalbilder von verschiedenen Kriegsschauplätzen.

Nach der Schlacht.
Feldwebel: »Feldwebel Schreiber meldet das 3. Bataillon in Stärke von einem Feldwebel und zehn Mann zurück«. [Bataillon–Stärke ca. 500 Mann – sehr grobe Angabe, um die enormen Verluste zu verdeutlichen].

Von Tresckow bei Keitel.
Tresckow: » – Und warum machen Sie noch mit, Herr Feldmarschall?«.
Keitel: »Warum – warum? Soll ich mir sagen lassen, jetzt wo die Front wackelt,
wird es dem Herrn zu mulmig, jetzt möchte er kneifen!?«.
Tresckow: »Herr Feldmarschall – 18.000 Mann – in 56 Stunden – für die Hirn-
gespinste eines wahnsinnig gewordenen Dilettanten«.
[…]
Keitel: »Was heißt das, Tresckow? […] Plant man einen Attentat?«.
Von Tresckow: »Wir brauchen Sie, Herr Feldmarschall. Helfen Sie retten, was
noch zu retten ist!«.
Keitel, böse: »Ich verbitte mir ein derartiges Ansinnen. – Nehmen Sie zur
Kenntnis, dass ich voll und ganz zum Führer stehe. Komme, was da wolle«.
Lindner und Oberst v. Tresckow.
Lindner: »Ich habe etwas Furchtbares gesehen, Herr Oberst. Hunderttausende
ermordet – Kinder waren dabei und die Frauen – weil es Juden waren«.

Widerstandsgruppe. Führerbesuch an der Front.

Festnahme der zivilen Widerstandsgruppe.
Plakat: Räder müssen rollen für den Sieg – »Räder« wird durchgestrichen und
ersetzt durch »Köpfe« müssen rollen für den Sieg.
Stauffenberg geht in die Kirche. Originalaufnahmen vom Krieg visualisieren
Stauffenbergs Gedanken. Stauffenberg holt sich für sein bzw. das Vorhaben
des Widerstands den Segen Gottes!

Attentat in der Wolfsschanze.
[…]
Großes Durcheinander.
Angst und Verunsicherung im SS–Quartier.
Festnahme der Widerstandsgruppe.
Es deutet sich an, dass der Plan gescheitert ist.
Stauffenberg: »Woran sind wir gescheitert? An all den unglücklichen Zufällen?
– Nein – nicht nur. Wir wollten die Methoden unserer Gegner nicht anwenden«.
[…]

Beck zu Stauffenberg: »Wir sind einen Weg gegangen, den wir gehen mussten«.
Stauffenberg: »Ja – und wenn wir nur bewiesen haben, dass es ein anderes
Deutschland gibt«.
Freitod von Beck.

SS–Quartier.
SS–Obergruppenführer: »So meine Herren – und jetzt sind wir an der Reihe.
Das wird ein Strafgericht, wie man es noch nicht erlebt hat […]«.
Erschießung der Offiziere mit und um Stauffenberg.

Von Tresckows Konsequenz. Er sprengt sich mit einer Handgranate in die Luft.
Tresckow: »Dem, was jetzt kommt, möchte ich mich nicht aussetzen. – Wir
haben getan, was wir konnten. – Und für so eine gerechte und gute Sache ist
der Einsatz des Lebens der angemessene Preis«.
Tresckow geht in den Freitod.
Stimme aus dem Off: »Mit gutem Gewissen kann Tresckow jetzt vor Gottes
Richterstuhl verantworten, was er getan hat. Gott richtet nicht nach dem
Erfolg. Er weiß, dass Euer Kampf ein Aufstand des Gewissens war. Es ging um
die Zerstörung rechtloser Tyrannei und um die Ehre des deutschen Namens«.

Auswertung

Es ist davon auszugehen, dass sich aufgrund des Alters die meisten der Kino-
besucher 1955 noch sehr gut an den Zweiten Weltkrieg erinnern konnten.
Insofern liegt der Verdacht nahe, dass die im Film enthaltenen kritischen
Äußerungen zum Krieg und somit zum Regime auch der Stimmung der
Bevölkerung während der Kriegsjahre entsprachen. Nur wagte damals kaum
jemand, diese Missstände anzusprechen. Der LS–Wart Nessel vertritt die
»Volksgenossen«, die noch an den sog. Endsieg glauben. Das Gros der Bevöl-
kerung steht der Kriegsführung skeptisch gegenüber. Die Verfolgung [und
Vernichtung] der Juden wird im Film sehr moderat »angesprochen«.

Der Film thematisiert u.a. die »Wandlung« Hauptmann Lindners vom über-
zeugten Anhänger Hitlers und Offiziers zum Gegner des Diktators. Hier sei
ein Zitat von Stauffenberg angeführt. In einem Feldpost–Brief vom 19. Mai
1940 schreibt er über den Frankreichfeldzug: »Seither erleben wir in erschüt-
ternder Form den Anfang des Zusammenbruchs einer großen Nation, nicht
nur militärisch, sondern auch psychisch […] Uns geht es köstlich. Wie sollte

es auch anders sein bei solchen Erfolgen«.[6] Diese wenigen Zeilen lassen auch eine gewisse Begeisterung und auch Stolz Stauffenbergs erkennen, die auf die militärischen Erfolge [Blitzkrieg!] der Wehrmacht zurückzuführen sind. Mit dieser Haltung stand der Graf nicht allein!

Der 20. Juli argumentiert an mehreren Stellen für die Beendigung des Krieges, die – von den Hauptprotagonisten getragen – nur durch die »Ausschaltung« Hitlers erfolgen kann. Filmsprachlich wird auch die Zivilbevölkerung ins Bild gesetzt, die sich nichts sehnlicher herbeiwünscht als das Ende des Krieges. Hier sei noch einmal die Szene aus dem Luftschutzkeller während eines Angriffs alliierter Flieger genannt. Zur Erinnerung wiederhole ich noch einmal den kurzen Dialog:

Fliegerangriff. LS–Keller.
Eine Frau: »Drei Angriffe in einer Nacht. Ich danke«.
LS–Wart Nessel: »Wenn schon, hat ja alles keen Druck mehr. Die [Feinde] sind fertig. Die können gegen die Verluste nicht mehr an, was Herr Hauptmann Lindner? Hab ich Recht?«.
An Stelle des Hauptmanns antwortet der Film. In Originalaufnahmen wird die brennende Stadt gezeigt.
Vor dem Haus. LS–Wart: »Ich sag's ja – keen Druck mehr hinter«.
Mann (Widerständler): »Unsere Nachtjäger, was? Und unsere Flak und überhaupt [...]«.
Mann: »[...] Volksgenosse Nessel, ich kann Ihnen da keine Auskunft geben [...]. Wir müssen nämlich nachts die Wunderwaffe polieren, dass sie nicht einrostet. [...] Einsatz für'n Endsieg«.

Es entsteht der Eindruck, dass die Zuschauer im Kino 1955 das, was die Leute im Film sagen, während des Kriegs auch gedacht haben. Die »drei Angriffe in einer Nacht« spiegeln die physische und psychische Belastung wieder, der die Bevölkerung damals ausgesetzt war. Im Film sagt ein Mann dem LS–Wart Nessel die Meinung, indem er zynisch auf die 1944 kaum noch vorhandenen oder einsatzfähigen »Nachtjäger« der Luftwaffe verweist. Mit der von ihm angeführten »Wunderwaffe« und den »Endsieg« werden weitere Begriffe genannt, die gegen Ende des Krieges verwendet wurden, um die Bevölkerung

---

[6] Harald Steffahn: *Stauffenberg*. 3. Auflage, Reinbek bei Hamburg 2002, S. 75.

zum Durchhalten zu motivieren. Nessel ist Vertreter dieser verordneten Durchhalte–Parolen. Tatsächlich trauten sich die Leute damals nicht, ihre Empfindungen über den Krieg und über dessen befürchteten Ausgang deutlich auszusprechen – aus Angst vor Repressalien. Geäußerte Zweifel am »Endsieg« konnten üble Folgen nach sich ziehen. Der Generation, die im LS–Keller ausgeharrt oder an der Front gekämpft hat, werden diese Aussagen sozusagen *post bellum* vom Film abgenommen – er spricht für sie.

Der Film legt für die Entwicklungen, die zum Attentat führen, wesentlich mehr Wert auf die Aussagen und Pläne der Militärs – hierfür sei kurz nochmals auf die Szene mit der Lagebesprechung im Führerhauptquartier eingegangen. Gespräch zunächst mit Generalfeldmarschall Keitel, Chef des Oberkommandos der Wehrmacht, dann telefonisch mit Hitler.

Feldmarschall: »[…] drei neue russische Panzerkorps wurden fertig gestellt. Weiß das der Führer? Ja, aber mein lieber Keitel, verstehen Sie mich doch; das ist ja keine Zangenbewegung mehr – weil mir die Angriffsgruppe der 4. Armee ja gar nicht zur Verfügung steht. – Nun, […] Aber Keitel, das ist doch völliger Wahnsinn. Ich kann doch einem Schönheitsfehler auf der Landkarte nicht Divisionen opfern. – […] Der Führer – ja, ich bitte darum – der Führer! – – – Heil, mein Führer! Mein Führer, ich habe es für meine Pflicht gehalten, wegen des befohlenen Angriffs rückzufragen. Hier wird wertvolles deutsches Soldatenblut sinnlos geopfert. Ich bitte Sie – «.

Hitler am anderen Ende der Leitung: »Herr Feldmarschall, dieser Angriff wird durchgehend […] Ich befehle Ihnen! Haben Sie mich verstanden?«.

Feldmarschall: »Jawohl, mein Führer«.

Diese Szene fasst in Kürze zusammen, was schon während des Krieges – da aber noch in kleinen Kreisen – und später immer wieder genannt wurde: Mit dem »Führer« kann man nicht reden! Er ist gänzlich beratungsresistent, was die Lage an der Front und die Situation der Wehrmacht betrifft. Einige Zeilen aus dem SPIEGEL von 1973 sollen dies verdeutlichen:

Tatsächlich hatte Hitler in strategischen Fragen oft, wie er selber meinte, »eine gute Nase« und erkannte meistens die Schwächen des Gegners. Diese Fähigkeiten, dazu sein manchmal erstaunliches Detailwissen beeindruckte die Militärs. General Alfred Jodl, als Chef des Wehrmachtsführungsstabes Hitlers eigener Generalstabschef, bezeugt: Seine Rhetorik und sein Wille triumphierten letzten Endes bei jeder geistigen Auseinandersetzung gegenüber jedermann.

[...]

Dass Hitler zugleich starrsinnig an Befehlen festhielt, Änderungen ablehnte und bei Rückschlägen überaus ängstlich reagierte, fiel den Militärs erst später auf. Der Hitler der ersten Kriegsmonate war eher Improviseur, der seine Soldaten brutal vorantrieb und die Bedenken der Generalstäbler beiseite fegte. [7]

Diese Mischung aus Hitlers Ignoranz der militärischen Lage gegenüber und der von den Widerständlern empfundenen Verantwortung für die Soldaten und Deutschland ist es, die das Attentat planen lassen.

Kommentare zum Film

In der Rückblende, nach dem Kriege, erleben der Bauingenieur Lindner und die Sekretärin Hildegard Klee noch einmal jene Tage der Vorbereitung des Attentats auf Hitler [20. Juli 1944], an denen sie damals indirekt beteiligt waren. Der Film von Falk Harnack entstand im zeitlichen Wettlauf mit Pabsts *Es geschah am 20. Juli*. Anders als das Drehbuch des Pabst-Films, das sich auf den Ablauf der Tagesereignisse beschränkt, bezieht die CCC-Produktion auch das weitere Umfeld des antinationalsozialistischen Widerstands in seine Schilderung ein. Ein bis in die kleinste Rolle sorgfältig besetzter und von Mitgliedern des Widerstands detailliert beratener Film, der im deutschen Kino der 50er Jahre positiv auffiel. [8]

»Ein Vergleich der beiden Filme ›ergibt eindeutig die künstlerische Überlegenheit des Berliner CCC-Filmes [*Der 20. Juli*]‹ urteilte Kritiker Karl Korn in der *Frankfurter Allgemeinen Zeitung*. ›Darin sind die Vorgeschichte und die einzelnen Tatbestände des Attentats klar gegliedert, die Profile der wichtigsten Akteure werden deutlich [...] Das, woran der Münchener Versuch scheiterte, ist hier klug und mit Überlegung vollbracht: Die Verschwörer haben Umwelt und Gegenwelt [...] Der Film ist in der Atmosphäre und in der Gesinnung sauber und richtig [...]‹«. [9]

DIE ZEIT schreibt am 30. Juni 1955 zu beiden Filmen – *Der 20. Juli* und *Es geschah am 20. Juli* – über das Attentat auf Hitler: »Als Anfang Juli 1944 im Freundeskreis des Grafen Stauffenberg die Frage erwogen wurde, ob es nicht angesichts des Vormarschs der Alliierten auf allen Fronten schon zu spät

---

[7] Vgl. *DER SPIEGEL* vom 4. Juni 1973: *Adolf Hitler: »Aufriß über meine Person«*.
[8] Vgl. Lexikon des internationalen Films, Band 9 W–Z. Reinbek bei Hamburg 1987, S. 4452.
[9] *DER SPIEGEL*, 29. Juni 1955.

für das geplante Attentat auf Hitler sei, da hat der General Henning von Tresckow, um seine Meinung gebeten, brieflich geantwortet: ›Das Attentat muß erfolgen, *coûte que coûte*. Sollte es nicht gelingen, so muß trotzdem in Berlin gehandelt werden. Denn es kommt nicht mehr auf den praktischen Zweck an, sondern darauf, daß die deutsche Widerstandsbewegung vor der Welt und vor der Geschichte den entscheidenden Wurf gewagt hat. Alles andere ist daneben gleichgültig.‹ Professor Gerhard Ritter nennt diese Worte in seiner Goerdeler–Biographie den ›klassischen Ausdruck der Gesinnung, aus der die deutsche Militäropposition erwachsen ist: ihr ging es um die Ehre des deutschen Namens.‹

Das Tragische solcher Haltung tritt noch deutlicher hervor, wenn man bedenkt, daß eben um diese Zeit in den alliierten Ländern nirgendwo zu erkennen war, ob das Motiv, das zum Attentat führte, eine Resonanz im Sinne Tresckows finden würde. Die Jahre der ›Kollektivschuld‹ und der *Re–education* konnten dann sogar eher zu der Vermutung führen, die Tat vom 20. Juli sei in jeder Hinsicht vergeblich gewesen. Inzwischen hat man aber in den westlichen Ländern umgelernt und ist mehr als damals geneigt, das ›andere Deutschland‹, für das sich Stauffenberg und seine Freunde opferten, als Realität anzuerkennen«.[10]

Kleine Filmographie zum 20. Juli 1944 ————————————

Der 20. Juli, D 1955, R: Falk Harnack, U: 20. Juni 1955 in Hannover
Es geschah am 20. Juli, D 1955, R: Georg Wilhelm Pabst
Operation Walküre, D 1971 (Fernsehfilm), R: Franz Peter Wirth
Stauffenberg – Verschwörung gegen Hitler, USA, Y 1990,
R: Lawrence Schiller
Die Stunde der Offiziere, (semi–dokumentar. Spielfilm) D 2003,
R: Hans–Erich Viet
Stauffenberg, D/A 2004, R: Jo Baier
Operation Walküre – Das Stauffenberg-Attentat (Original–Titel *Valkyrie*),
USA 2009; R: Bryan Singer, mit Tom Cruise

Diese Filmographie beansprucht nicht, vollständig zu sein; sie entspricht der Sicht des Autors.

[10] *DIE ZEIT* Nr. 26/1955 vom 30. Juli 1955.

Markus Wessendorf

Walküre(n) in Hollywood

Nur kurze Zeit vor Ausbruch der Corona–Epidemie, als ich für ein Jahr Leiter des Filminstituts [damals die *Academy for Creative Media*, heute die *School of Cinematic Arts*] an der University of Hawai'i at Mānoa in Honolulu war, traf ich mich mehrmals mit dem Filmproduzenten Chris Lee, einem früheren Chef von Columbia/TriStar [und in dieser Funktion Förderer von Filmen wie *Jerry Maguire*, *As Good As It Gets* und *Philadelphia*] und Mitgründer des 2004 ins Leben gerufenen Filminstituts, von dem er sich allerdings mittlerweile entfremdet hatte. Lee war ein *local boy* mit hervorragenden politischen und finanziellen Verbindungen in Hawai'i und einer der ersten Produzenten asiatisch–amerikanischer Herkunft in Hollywood. Ich wusste aus der Presse, dass Lee, nach seinem Weggang von Columbia/TriStar u.a. Mitproduzent von *Superman Returns* (2006) gewesen war, bei dem Bryan Singer in Australien Regie geführt hatte. Und jetzt saß er an meiner Universität in einer übergeordneten administrativen Position, über die er den Geldfluss für bestimmte Projekte und Institute kontrollieren konnte.

Bei einem unserer gemeinsamen Mittagessen, bei denen ich versuchte, Lee zur Wiederaufnahme seiner finanziellen Unterstützung des Filminstituts zu bewegen, kam er, durch meine deutsche Herkunft angeregt, auf *Valkyrie* (2008) zu sprechen. In diesem Film [deutscher Verleihtitel: *Operation Walküre – Das Stauffenberg–Attentat*] geht es um Claus Schenk Graf von Stauffenbergs Attentat auf Hitler vom 20. Juli 1944 und seine Beteiligung an dem nachfolgenden Staatsstreichversuch. Lee, einer der *executive producers* auch dieses Films von Singer, berichtete begeistert von der Arbeit mit Hauptdarsteller Tom Cruise, den Dreharbeiten in Berlin sowie den Eindrücken, die er von dort mitgenommen hatte [er war vor allem von der Erinnerungskultur der Deutschen und ihrer Auseinandersetzung mit dem Holocaust angetan]. Im Gespräch wurde jedoch deutlich, dass Lee diesen Film primär aus der Perspektive eines Hollywood–Produzenten wahrnahm, der durch seine Teilnahme an der Verfilmung dieser bedeutsamen historischen Episode der NS–Zeit dabei mitgeholfen hatte, ein Prestigeprojekt zu realisieren.

Singer, der mit *The Usual Suspects* einen der erfolgreichsten und originellsten Hollywood–Filme der 1990er Jahre gedreht hatte, lieferte mit *Valkyrie* vergleichsweise konventionelles Kino ab. Sowohl das Drehbuch [wie bei *The*

Usual Suspects von Christopher McQuarrie] als auch die Besetzung der Haupt-rolle mit Cruise sind die Hauptgründe für die relative »Flachheit« des Films. Das Drehbuch verweigert jegliche Exposition im Hinblick auf die biografischen Hintergründe und Motivationen der Widerstandskämpfer und erzählt mehr oder weniger chronologisch und eindimensional – mit nur wenigen, aber nicht sonderlich aufschlussreichen Rückblenden – den Ablauf der Ereignisse. Es wird nicht klar, wann und warum genau sich Stauffenberg und seine Kol-laborateure, die alle auf hoher Führungsebene in Hitlers System verstrickt sind, zum Widerstand gegen Hitler entschlossen haben, und wie sie sich [ab-gesehen von der sofortigen Aufnahme von Friedensverhandlungen mit den feindlichen Mächten] die politische Führung Deutschlands nach einem gelungenen Attentat vorstellen. Stauffenberg ist die erste Figur in *Valkyrie*, die diese Frage überhaupt stellt, aber sie wird über den ganzen Film hinweg nicht beantwortet. [Dies ist sicherlich auch der historischen Tatsache geschul-det, dass die Darstellung der gegensätzlichen innenpolitischen Konzepte der einzelnen Mitglieder der Widerstandsgruppe den Rahmen des Films gesprengt oder einen anderen Film erfordert hätte.]

Valkyrie beginnt mit Stauffenbergs Einsatz an der nordafrikanischen Front. Bevor er schwer verwundet wird, hat er einem anderen Soldaten bereits seine kritische Haltung zum »Dritten Reich« signalisiert. Zurück in Deutschland gibt er einem anderen verwundeten Soldaten im Lazarett die Medaille, die er als Auszeichnung für seinen Einsatz in Nordafrika erhalten hat – mit der Begrün-dung, dass er lediglich aus Patriotismus kämpfe. Es wird im Laufe des Films nie klar, ob sich sein Widerstand lediglich gegen die Kriegsführung Hitlers oder die NS–Diktatur als solche richtet. Cruise, 1990 vom amerikanischen Magazin *People* zum sexiesten Mann der Welt gekürt, spielt mit der für ihn typischen, wenngleich hier leicht zurückgenommenen Selbstironie seinen Rollen gegenüber, einen dynamischen, selbstsicheren und geradlinigen Helden, der ein bestimmtes, aber nicht näher begründetes oder motiviertes Ziel verfolgt und dieses konsequent in die Tat umzusetzen versucht. Die körperliche Beein-trächtigung Stauffenbergs steht dabei in krassem Gegensatz zum Markenimage des stets jugendlich auftretenden und auf körperliche Integrität angewiesenen Superstars Cruise, und der Film reduziert diese Diskrepanz weitestgehend, indem der rechte Armstumpf und die fehlenden Fingerglieder der linken Hand nur in wenigen, aber dramatisch relevanten Szenen und das fehlende linke Auge entweder durch eine Augenklappe verdeckt oder ein Glasauge ersetzt [entweder vor dem Einsetzen, oder beleuchtungsdramaturgisch in Schatten getaucht] gezeigt werden. Insgesamt wird Stauffenbergs körperliche Invalidität in *Valkyrie* als masken- und kostümbildnerisches Problem verstanden, das keinerlei Auswirkungen auf die innere Verfasstheit des Protagonisten hat. Selbst am Ende des Films, als sich herausstellt, dass Stauffenberg sich geirrt hat und seine Bombe zwar explodiert, Hitler aber nicht getötet worden ist, führt dies nicht zu einem Moment tiefster persönlicher Krise – weder zu Selbstzweifeln noch Schuldgefühlen. Was aber noch erstaunlicher ist: Keiner von Stauffenbergs Kollaborateuren, die durch diese Fehleinschätzung nun ihr Leben verlieren werden, machen ihm diese zum Vorwurf.

Auch das Wagner-Motiv der *Walküre* erfährt in dem Film eine eher oberflächliche Behandlung. Es ist interessant, dass Alex Ross in seinem Buch *Wagnerism: Art and Politics in the Shadow of Music* [*Die Welt nach Wagner: Ein deutscher Künstler und sein Einfluss auf die Moderne*; 2020] Singers Film nicht erwähnt, obwohl er durchaus Stauffenbergs Vorhaben beschreibt, den als *Walküre* betitelten Operationsplan des Befehlshabers der Heimatarmee zur Einberufung von Reservisten im Notfall in einen Plan zum Umsturz des NS-Regimes zu verwandeln.

Als Stauffenberg Hitler, umgeben von der Führungselite der Nazis [die alle durchgängig auf ihre visuellen Meme reduziert sind], auf dem Berghof besucht, um die Unterschrift für den überarbeiteten *Walküre*-Plan zu erhalten, erklärt Hitler ihm, dass der Nationalsozialismus ohne Wagner nicht zu verstehen sei. Das Problem mit *Valkyrie* hingegen ist nicht, dass dieser Hollywood-Film ohne Wagner zu verstehen ist, sondern dass eine Kenntnis Wagners nur eingeschränkt zu seinem Verstehen beiträgt, weil ambivalent bleibt, inwieweit die Bezüge des Films zur Mythologie und Handlung der *Walküre* – intendiert oder unfreiwillig – ironisch sind. So kommt z.B. Stauffenberg auf die Idee und zum Entschluss, den Notplan des Hitler-Regimes gegen dieses selbst zu instrumentalisieren, während er mit seiner Familie im heimeigenen Bunker einen Fliegerangriff übersteht. Cruises Gesicht ist durch flackerndes Licht unregelmäßig in Licht und Dunkel getaucht, während oben im Wohnzimmer auf einem Grammophon der »Ritt der Walküren« läuft und die Nadel durch die Erschütterungen des Angriffs mehrmals auf der Schelllackplatte verschoben wird. In Wagners Oper erklingt der »Ritt der Walküren« zu Beginn des dritten Aktes, als sich die [in Mittel- und Nordeuropa seit jeher als todkündend geltenden] Walküren, die Töchter Wotans, versammelt haben, um im Kampf gefallene

Helden nach Walhall zu begleiten. In dem amerikanischen Kontext, in dem
der Film entstanden ist, löst der »Ritt der Walküren« unwillkürlich Assoziationen an Francis Ford Coppolas *Apocalypse Now* (1979) und den Hubschrau-
berangriff amerikanischer Soldaten auf ein vietnamesisches Dorf aus. In *Valkyrie* werden diese Assoziationen nicht nur durch die Besetzung mit Cruise,
eines für *action–Filme* bekannten Schauspielers [als Maverick in den zwei *Top
Gun*–Filmen, als Ethan Hunt in der *Mission Impossible*–Reihe, als Titelheld in
Jack Reacher und *Jack Reacher: Never Go Back* – die viele dieser Filme ebenfalls
auf Drehbüchern Christopher McQuarries basierend] ausgelöst, sondern auch
durch einen ähnlichen visuellen Effekt in *Apocalypse Now* [nämlich das in
Chiaroscuro getauchte Gesicht des von Marlon Brando gespielten psychotischen
und größenwahnsinnigen Colonel Kurtz, der von einem abgelegenen Dschun-
gel-Außenposten in Kambodscha aus seinen eigenen brutalen Krieg gegen den
Vietkcong und die Roten Khmer führt]. Obwohl der »Ritt der Walküren« in
Valkyrie Stauffenbergs Entschluss auslöst, den Operationsplan des Heimat-
heeres für sein eigenes Vorhaben umzufunktionieren, können doch die durch
das Musikstück ausgelösten Assoziationen mit den barbarischen Aspekten der
amerikanischen Kriegsführung in Vietnam nicht wirklich von den Filmemachern
intendiert gewesen sein – auch wenn Stauffenberg auf dieses Stück als Lieb-
lingsmusik des Gegners [nämlich Hitlers] reagieren sollte. Aber warum spielt
dann diese Musik in seinem Wohnzimmer? Vielleicht liegt die Erklärung dafür
in einem weiteren Element dieser Sequenz, wenn nämlich die Kamera auf das
Etikett der sich drehenden Schallplatte mit dem Namen der Plattenfirma »His
Master's Voice« und das diesen stets begleitende Bild eines vor dem Grammophon sitzenden Hundes zoomt. Ist Stauffenberg der Hund, der der Stimme
seines Meisters [Wagners? Hitlers?] bislang gefolgt ist, und drücken das Ver-
rücken und Scratchen der Nadel auf der Schallplatte aus, dass er dieser Stimme nun nicht mehr folgt? Um in diesem Bild zu bleiben: Stehen Stauffenberg
und sein Kreis für die Walküre Brünnhilde in Wagners Oper, die sich den
Anordnungen ihres Vaters Wotan [Hitler?] widersetzt, indem sie die miteinander verliebten Zwillinge Siegmund und Sieglinde [das deutsche Volk?] zu
beschützen versucht – wenngleich erfolglos, da Siegmund von Wotan getötet
wird – und deshalb schließlich zum Dauerschlaf auf einem von Feuer umge-
benen Fels verbannt wird [die Hinrichtungen Stauffenbergs und seiner Mitarbeiter?], von dem nur ein Held [die Alliierten?; in der nächsten Oper
der Tetralogie: Siegfried] sie – nachträglich: symbolisch – erlösen kann?

Eine mehrbödige und bittere Ironie weniger der Filmhandlung als der dieser zugrundeliegenden historischen Ereignisse liegt zudem darin, dass die Todesmetaphorik der Walküre(n) – in dem Operationsplan der Heimatarmee gegen Gegner des NS–Regimes gerichtet und dann wieder vom Stauffenberg–Zirkel gegen dieses Regime selbst gewendet – am Ende für die Widerstandskämpfer zur tragischen Wirklichkeit wird. Aber leider ist der Film, mit Ausnahme der beschriebenen, ambivalenten Momente, so trocken und schnörkellos erzählt, dass er nicht den Eindruck einer beabsichtigten bitter–bösen Ironie vermittelt.

Leider kam es im Gespräch mit Chris Lee nicht zu einer ausführlicheren und kritischeren Auseinandersetzung mit dem von ihm mitproduzierten Film *Valkyrie*. Dafür aber waren meine Bemühungen, Geldmittel für die damals unterfinanzierte *Academy for Creative Media* zu erhalten, nach mehreren Mittagessen mit ihm erfolgreich.

Angela Klein

Bekenntnis zum Widerstand
Reinhold Schneider und die frühe Rezeption
des Attentats[1]

Bereits in den frühen Nachkriegsjahren versuchten erste Autorinnen und Autoren an die Ereignisse des 20. Juli 1944 zu erinnern. So hatte zunächst Ricarda Huch unmittelbar nach Kriegsende ein umfassendes *Gedenkbuch Bilder deutscher Widerstandskämpfer* geplant, das nach ihrem Tod schließlich 1953 unter dem Titel *Der lautlose Aufstand* von Günther Weisenborn herausgegeben wurde. Zu den Schriftstellern, die zu einem frühen Zeitpunkt der Ereignisse gedachten, zählte auch Reinhold Schneider, dessen Schrift *Die innere Befreiung. Gedenkwort zum 20. Juli* Ende 1946 erschien. Zuvor war im Juni 1946 von der Stuttgarter Regierung die Anfrage ergangen, eine Gedenkrede für die Opfer des 20. Juli zu halten. Da es innerhalb der Behörden offenbar zu Unstimmigkeiten kam, konnte die Gedenkveranstaltung nicht realisiert werden.[2] Nach der unbegründeten Absage bemühte sich Schneider um die Veröffentlichung seiner Gedenkrede, die schließlich mit dem Titel *Die innere Befreiung. Gedenkwort zum 20. Juli* nach einigen Monaten zunächst in der amerikanischen Zone erschien. Eine zweite Ausgabe, die im Titel allein das Datum des Geschehens nennt, wurde etwas später in der französischen Zone veröffentlicht.[3] Zuvor hatte er bereits das Typoskript an die Hinterbliebenen und Freunde der Attentäter versandt.

Mit Reinhold Schneider hatte das Staatsministerium Württemberg–Baden einen Schriftsteller angesprochen, der in der Zeit des Nationalsozialismus »zu einer zentralen Gestalt der Opposition im katholischen Milieu avancierte«.[4]

---

[1] Der Beitrag ist eine überarbeitete Fassung meines Vortrags beim Symposium *Verdrängen – Vergessen – Rehabilitierung. 75 Jahre Attentat auf Hitler am 20. Juli 1944 – Aspekte der Rezeption* im Institut für Braunschweigische Regionalgeschichte und Geschichtsvermittlung, TU Braunschweig, am 19. Juli 2019.

[2] Reinhold Schneider in einem Brief vom 28.01.1947 an Renate Gräfin von Hardenberg. Siehe Babette Stadie: *Entstehungs– und Wirkungsgeschichte*, in: *Die Macht der Wahrheit. Reinhold Schneiders »Gedenkwort zum 20. Juli« in Reaktionen von Hinterbliebenen des Widerstandes mit einer Einführung von Peter Steinbach*, hrsg. von Babette Stadie. Berlin 2008, S. 63–86, S. 71 Anm. 36.

Schneider war Sohn einer angesehenen Hoteliersfamilie, deren Hotel in Baden–Baden zu den Treffpunkten nationaler und internationaler Gäste zählte. Das Ende des Ersten Weltkriegs markierte für die Familie einen sozialen Abstieg, der vom Verkauf des Hotels und Verlust des Vermögens bestimmt wurde.[5] Nach vergeblichen Bemühungen in einem Brotberuf Fuß zu fassen, arbeitete Schneider ab 1928 als freier Schriftsteller und wurde Pirmin Meier zufolge einer der produktivsten Schriftsteller des 20. Jahrhunderts.[6] Zu Beginn der 1950er Jahre wandte er sich mit scharfer Kritik gegen Planungen zur Wiederbewaffnung der Bundesrepublik, die ihn schließlich in die Isolation führte.[7] 1958 starb Reinhold Schneider an den Folgen eines Unfalls.

[3]   Die Ausgabe der amerikanischen Zone erschien im Verlag Gerd Hatje unter dem Titel: *Die innere Befreiung. Gedenkwort zum 20. Juli.* Die Titelseite nennt den Autor Reinhold Schneider und den auf den Anlass bezogenen Titel *Gedenkwort zum 20. Juli,* auf der Rückseite ist unten gedruckt: »Lizenz US·W·1010 der Nachrichtenkontrolle / Der Amerikanischen Militärregierung / Druck von W. Kohlhammer in Stuttgart«. Die Ausgabe der französischen Zone trägt den verkürzten Titel *Gedenkwort zum 20. Juli.* Die Ausgabentexte sind identisch, siehe Stadie: *Wirkungsgeschichte* (wie Anm. 2), S. 72 Anm. 41; S. 73, Anm. 42.

[4]   Carola Hilmes: *Auf verlorenem Posten: Die autobiographische Literatur,* in: *Nationalsozialismus und Exil 1933–1945,* hrsg. von Wilhelm Haefs. Hansers Sozialgeschichte der deutschen Literatur vom 16. Jahrhundert bis zur Gegenwart. Begründet von Rolf Grimminger Band IX. München 2009. S. 417–445, hier S. 419.

[5]   Fortan bestimmten diese Ereignisse seine persönliche Gestimmtheit: »Wer sich auf solche Weise einmal von Welt und Menschen geschieden hat, wird sich nie mehr in ungeteilter Gegenwart an ihren Tisch setzen«. Siehe Reinhold Schneider: *Verhüllter Tag.* Mit einem Nachwort von Josef Rast. Frankfurt am Main 1980 (Erste Ausgabe Köln 1954), S. 50f. Zur Pressepolitik in den Westzonen vgl. Norbert Frey: *Erinnerungskampf. Zur Legitimationsproblematik des 20. Juli 1944 im Nachkriegsdeutschland,* in: *Von der Aufgabe der Freiheit. Politische Verantwortung und bürgerliche Gesellschaft im 19. und 20. Jahrhundert.* Festschrift für Hans Mommsen zum 5. November 1995, hrsg. von Christian Jansen/Lutz Niethammer/ Bernd Weisbrod. Berlin 1995, S. 493–504, hier S. 495f.

[6]   Pirmin Meier: *Die Fruchtbarkeit der Dissonanzen. Reinhold Schneiders Weg als Schriftsteller nach dem Zeugnis des Frühwerks und des Tagebuches,* in: *Trauer und Widerspruch – Über Reinhold Schneider,* hrsg. von Ekkehard Blattmann. Schriftenreihe der Katholischen Akademie der Erzdiözese Freiburg. Herausgegeben von Dietmar Bader. München/Zürich 1984, S. 10–31, hier S. 10. Zur Biographie Reinhold Schneiders siehe Cordula Koepcke: *Reinhold Schneider. Eine Biographie.* Würzburg 1993; Franz Anselm Schmitt (Hrsg.): *Reinhold Schneider. Leben und Werk in Dokumenten.* Olten/Freiburg im Breisgau 1969, hier S. 26–37; Walter Schmitz/Volker Hoffmann: *Reinhold Schneider,* in: *Kindlers Literatur Lexikon,* hrsg. von Ludwig Arnold. 3., völlig neu bearbeitete Auflage Band 14. Stuttgart/Weimar 2009, S. 581–584.

Wie viele seiner Zeitgenossen erlebte Schneider die politischen Veränderungen der Weimarer Republik als tiefe Zäsur. Auf die Ereignisse der Jahre 1918 und 1919, die aus seiner Sicht einer »nihilistischen Katastrophe« [8] gleichkamen, war eine Zeit der »Zerrissenheit« [9] bisher unbekannten Ausmaßes gefolgt, auf die er mit persönlicher Verunsicherung reagierte. »Ich fühlte keinen wirklich tragenden Grund mehr, weder des Staates noch der Familie, noch des Sittengesetzes, auch nicht des Glaubens.« [10]

Schneider blieb nach 1918 im konservativen Denken verankert. [11] Vor dem Hintergrund seiner ausgedehnten Reisen und seiner Vorliebe für die iberische Geschichte und Kultur macht Helmuth Kiesel dabei in Schneiders Denken einen Konservatismus aus, »der ein europäisches Fundament sucht und ein deutsches Ziel hat«. [12] Für ihn war »Geschichte [...] Ausdruck der Ideen und ihres eigenmächtigen Lebens« [13]; Gestalten, »einmal erworben [...] entsprechend meiner konservativen Anlage« blieben ihm »Besitz«. [14] 1928 brachte sein Sonett *Auf der Reise nach Weimar* bereits im Titel seine Orientierung am Geist der Weimarer Klassik – »Der Großen Spur [...]« – programmatisch zum Ausdruck. [15] Politisch folgte Schneider mit seinen Vorstellungen der Idee des

---

[7] Siehe Ralf Schnell: *Geschichte der deutschsprachigen Literatur seit 1945.* 2., überarbeitete und erweiterte Auflage Stuttgart/Weimar 2003, S. 120; Ralf Schuster: *Antwort in der Geschichte. Zu den Übergängen zwischen den Werkphasen bei Reinhold Schneider.* Mannheimer Beiträge zur Sprach– und Literaturwissenschaft hrsg. von Christine Bierbach/Ulrich Halfmann/Hans–Jürgen Horn/Wilhelm Kühlmann/Hartmut Laufhütte/Jochen Mecke/Meinhard Winkgens Band LI. Tübingen 2001, S. 265–268.

[8] Reinhold Schneider: *Tagebuch 1930–1935.* Redaktion und Nachwort von Josef Rast. Frankfurt am Main 1983, S. 164, 23.09.1930.

[9] Schneider: *Tagebuch* (wie Anm. 8), S. 247, 13.01.1931; Jürgen Steinle: *Reinhold Schneider (1903–1958). Konservatives Denken zwischen Kulturkrise, Gewaltherrschaft und Restauration.* Zeitgeiststudien: Beiträge zur Kulturgeschichte der Neuzeit Band III. Aachen 1992, S. 52.

[10] Schneider: *Tag* (wie Anm. 5), S. 22.

[11] Lothar Bluhm: *Das Tagebuch zum Dritten Reich. Zeugnisse der Inneren Emigration von Jochen Klepper bis Ernst Jünger.* Studien zur Literatur der Moderne. Hrsg. von Helmut Koopmann Band XX. Bonn 1991 S. 96.

[12] Helmuth Kiesel: *Figuren der ›Konservativen Revolution‹ in der Literatur nach 1933,* in: *Die Literatur der ›Konservativen Revolution‹. Schreiben zwischen Traditionalismus und Avantgarde,* hrsg. von Wojciech Kunicki/Krzysztof Żarski/Natalia Żarska. Göttingen 2021, S. 95–113, hier S. 102. Kiesel verweist auf historische Personen, denen Schneider eine Vorbildfunktion für die Zukunft beimaß: Philipp II. von Spanien und Friedrich II. von Preußen, Teresa von Avila und Friedrich Nietzsche. »Alle sind nicht nur heroische, sondern auch tragische Gestalten, weil sie mit ihren Bestrebungen letztlich scheiterten oder zugrunde gingen«, S. 103.

»Reichs«, in dem sich das politische und gesellschaftliche Leben derer entfaltete, deren »große Einheit [...] nicht zu verkennen« ist.[16] Diese Vorstellung war für ihn untrennbar mit dem Religiösen verbunden: »[...] es überragt die geschichtliche Macht der Reichsidee.«[17] In seinem Buch *Die Hohenzollern. Tragik und Königtum*, in dem er den Aufstieg Preußens aus der Frühzeit bis zu den Königen Friedrich Wilhelm I. und dessen Sohn Friedrich II. aufgriff, würdigte er Gesinnung und Leistung der beiden Monarchen, die im Rahmen einer überkommenen Staatsform jeweils revolutionäre Kräfte freisetzten.[18] Dabei sprach Schneider preußischen Untertanen im Falle einer sich als rechtlos erweisenden Führung ausdrücklich das Recht auf Widerstand zu.[19] Mit dem am 5. März 1933 abgeschlossenen Werk verband er die Absicht »[e]s sollte ein Aufruf zur Monarchie sein in letzter, wahrscheinlich schon zu später Stunde«.[20] Dem Buch verdankte Schneider eine Einladung nach Doorn, wo er bei seiner Rückreise aus England am 4. April 1935 von Wilhelm II. empfangen wurde. 1937 erhielt er den Schreibtisch König Friedrich Wilhelms IV. als Ge-

13 Schneider: *Tagebuch* (wie Anm. 8), S. 530, 19.12.1931; siehe Steinle: *Schneider* (wie Anm. 9), S. 21.
14 Schneider: *Tagebuch* (wie Anm. 8), S. 785, 22.08.1934; Kiesel: *Figuren* (wie Anm. 12), S. 103.
15 Hermann Korte: *Lyrik am Ende der Weimarer Republik*, in: *Literatur der Weimarer Republik 1918–1933*, hrsg. von Bernhard Weyergraf. Hansers Sozialgeschichte der deutschen Literatur vom 16. Jahrhundert bis zur Gegenwart. Begründet von Rolf Grimminger, Band VIII. München 1995, S. 601–635, 624f. Das Sonett blieb auch in der Zeit des Nationalsozialismus seine bestimmende Gedichtform. Siehe Schneider: *Tagebuch* (wie Anm. 8), S. 258, 20.01.1931: »In den Sonetten hatte ich bisher die günstigste Möglichkeit, den vernichtenden Kontrast zwischen einem chaotischen Lebensgefühl und exzessiver Formenstrenge zu gestalten«. Zu einer Auswahl der Sonette siehe Koepcke: *Schneider* (wie Anm. 6), S. 99–103.
16 Schneider: *Tagebuch* (wie Anm. 8), S. 246, 248, 13.01.1931.
17 Schneider: *Tagebuch* (wie Anm. 8), S. 703. 18. Juni 1933. Dazu Steinle: *Schneider* (wie Anm. 9), S. 5–62.
18 Siehe Kiesel: *Figuren* (wie Anm. 12), S. 105.
19 »Immer wieder erheben sich Einzelne, die es auf Tod und Leben wagen, nicht zu gehorchen, immer wieder bewährt sich der Herrscher darin, daß er sie achtet, ihnen verzeiht.«, zitiert nach Frank–Lothar Kroll: *Intellektueller Widerstand im Dritten Reich. Möglichkeiten und Grenzen*, in: *Schriftsteller und Widerstand. Facetten und Probleme der »Inneren Emigration«*, hrsg. von Frank–Lothar Kroll/Rüdiger von Voss. Göttingen 2012, S. 13–44, hier S. 22 Anm. 40.
20 Schneider: *Tag* (wie Anm. 5), S. 74. Siehe auch Schmitt (Hrsg.): *Schneider* (wie Anm. 6), S. 89, 91.
21 In seiner Autobiografie *Tag* (wie Anm. 5), S. 81–83, geht Schneider ausführlich auf seinen Aufenthalt in Doorn ein. Zum Geschenk des Schreibtisches siehe Schmitt (Hrsg.): *Schneider* (wie Anm. 6), S. 107.

schenk, das ihn bis an seinen letzten Wohnort in Freiburg begleitete. [21] Demgegenüber erregte das Werk den Widerspruch der Nationalsozialisten. So
informierte ihn sein Verleger im Januar 1935, dass *Die Hohenzollern* »im
Augenblick höheren Orts sehr unbeliebt« sind. [22]

Seit den frühen 1930er Jahren äußerte sich Schneider kritisch zur nationalsozialistischen Bewegung. So schrieb er am 7. März 1933 an seine enge Ver-
traute Anna Maria Baumgarten: »Ein Gegengewicht ist nach wie vor nötig;
darum wähle ich ja die Papen–Partei«.[23] Unabhängig davon war er wie viele
andere beeindruckt von der symbolträchtigen Inszenierung am Abend der
Wahlen vom 5. März 1933 und am »Tag von Potsdam« (21. März 1933), die
bewusst eine Anlehnung an preußische Traditionen vorgab und auf Zuspruch
nationaler und konservativer Kreise zielte. Auch Schneider sah in diesem Pomp
sein Anliegen einer nationalen Erneuerung und Überwindung vielfältiger
Problemlagen wiedergegeben.[24] Im Juli 1933 erkannte er die Notwendigkeit,
sich von diesen Überlegungen deutlich zu distanzieren und brachte dies mit
dem Zyklus *Der letzte Tag* entschieden zum Ausdruck:

> *»Wenn schicksalsmüde sich das Volk verirrt,*
> *Sein Recht verwirft, vererbtes Glück zerschlägt,*
> *Aus falschem Erze Hoheitszeichen prägt*
> *Und immer anderer Sklave wird;*
> *Wenn jeder Größe Maßstab sich verwirrt,*
> *Kein Wert besteht, kein Glaube ruht und trägt,*
> *Gepeitschter Wahn des Lebens Stamm zersägt*
> *Und durch die Luft der Todesbote schwirrt;*
> *Dann kommt der Tag, den ich jetzt kommen sehe,*
> *Wo sich das Nichts, das alle an sich nährten,*
> *Die Welt vernichtend sichtbar offenbart.«*[25]

---

[22] Schmitt (Hrsg.): *Schneider* (wie Anm. 6), S. 96.

[23] Zitiert nach Karl–Wilhelm Reddemann: *Der Christ vor einer zertrümmerten Welt. Reinhold Schneider – ein Dichter antwortet der Zeit*. Schriften der Reinhold–Schneider–Stiftung Hamburg Band II. Freiburg/Basel/Wien 1978, S. 78.

[24] Steinle: *Schneider* (wie Anm. 9) spricht von »partielle[r] Übereinstimmung« auf der Basis seiner nationalen Gesinnung, S. 67; siehe auch Schuster; *Antwort* (wie Anm. 7), S. 75–81.

[25] Gerhard Ringshausen: *Das widerständige Wort. Christliche Autoren gegen das »Dritte Reich«*. Widerstand im Widerstreit. Herausgegeben im Auftrag des Sächsischen Staatsministeriums des Innern, Dresden und der Kulturstiftung der deutschen Vertriebenen, Bonn von Jens Baumann/Ernst Gierlich/Frank–Lothar Kroll/Rüdiger von Voss Band III. Berlin 2022, S. 496.

Als er am 30. Januar 1934 auch noch Informationen über die Gräuel im KZ Dachau erhielt, kam es zu einer klaren und definitiven Abwendung, da er erkannte, dass der nationalsozialistische »Wahn« nicht mit seinen christlich-konservativen Überzeugungen übereinstimmte. [26] »Meine Hoffnung auf einen großgearteten und würdigen Nationalismus, der die höchsten Dinge an ihrer Stelle läßt, ist dahin, ich bleibe darum, was ich bin, aber ich hoffe nicht mehr.«[27]

Schneider fand danach zur Rückbesinnung auf den christlichen Glauben, »aus der Erfahrung des Geschichtlichen kam ich zum Glauben. Der Druck der Diktatur in Deutschland, die Last des namenlosen Leidens, das sie heraufrief, verstärkte und klärte die religiösen Überzeugungen«. [28] In der Folgezeit wurde er »zu einer zentralen Gestalt der Opposition im katholischen Milieu«. [29] Eine Emigration schloss er aus, vielmehr suchte er den kritischen Blick auf die Naziherrschaft zu befördern, wie er an Anna Baumgarten schrieb: »Auf die Schule des Denkens, Erkennens, Anschauens kommt sehr viel an. Die Menschen müssten erst das Vermögen, das Echte zu erkennen, zurückgewinnen.« [30] Er empfand sich »auf einen Verbandsplatz gerufen [...] Dem glich vielleicht mein Dasein während des Krieges und der drei folgenden Jahre.« [31] Angesichts zunehmender Schwierigkeiten zog er sich nach Süddeutschland zurück und lebte ab 1938 in Freiburg. [32]

---

[26] Schuster: *Antwort* (wie Anm. 7), S. 82, sieht den Beginn der Distanzierung bereits am 13. Mai 1933, als Schneider von »der historischen Not unseres Augenblicks« sprach; zu Schneiders beiden Zeitungsartikeln im Jahr 1933 siehe S. 75 f. Anm. 220; zu den kontroversen Stimmen in der Frage zum Distanzierungsprozess siehe S. 81–83.

[27] Schneider: *Tagebuch* (wie Anm. 8), S. 830f., 25.12.1934. Bereits am 24. August 1934 hatte er notiert: »Das Recht muß über dem Staat stehn, nicht der Staat über dem Recht«, S. 787, 24.08.1934.

[28] Reinhold Schneider: *Autobiographische Notiz*, Freiburg, 4. März 1953, in: Schmitt (Hrsg.): *Schneider* (wie Anm. 6), S. 36–37, hier S. 36.

[29] Hilmes: *Posten* (wie Anm. 4), S. 419. Nach Schuster wird diese Entwicklung von Schneiders Beitrag *Religion und Revolution* markiert, der 1934 im Juni-Heft der *Weißen Blätter* erschien. Schneider formulierte in einer Buchbesprechung, dass Ordnung nur »auf das Erlebnis des Ueberirdischen gegründet« sein kann. Siehe Schuster: *Antwort* (wie Anm. 7), S. 106–112, hier S. 107. Die Bedeutung der Glaubenshaltung war bereits bei dem Münchner Attentat 1939 eine starke Motivation für den Attentäter Georg Elser, siehe Mattheus Hagedorny: *Georg Elser in Deutschland*. Freiburg/Wien 2019, S. 45f.

[30] Zitiert nach Steinle: *Schneider* (wie Anm. 9), S. 155.

[31] Schneider: *Tag* (wie Anm. 5), S. 164. Vgl. Hans Dieter Zimmermann: *Reinhold Schneider – ein Dichter der »Inneren Emigration?«*, in: *Schriftsteller und Widerstand* (wie Anm. 19), S. 353–367.

In seiner Novelle *Las Casas vor Karl V.* griff er am Beispiel der südamerikanischen Indios zur Zeit der Conquista das Thema Ausgrenzung und Verfolgung von Minderheiten auf, die insbesondere nach der Reichsprogromnacht vom 9. November 1938 als Kritik gelesen werden konnte. [33] Seine Gedichte, wie etwa *Der Antichrist* aus dem Jahr 1939, das eine kaum verdeckte Kritik an Hitler als Ausdruck des Bösen nahelegte, wurde als »Chiffrentext des heimlichen Widerstands« gelesen und bestätigt die Überlegungen im Kontext der frühen Nähe Schneiders zum Widerstand. [34] Schneider wird den christlichen Autoren der *Inneren Emigration* sowie der *Konservativen Revolution* zugerechnet. In diesem Netzwerk zählt er zweifellos auch zum näheren Kreis des Widerstands. Seine radikale Kritik trug ihm 1940 nachdrückliche Missbilligung aus dem Propagandaministerium ein. 1941 endgültig mit einem Publikationsverbot belegt, fand er vor allem im katholischen Alsatia–Verlag in Colmar weiterhin eine Möglichkeit zu verdeckter Publikation, so dass laut Schneider in einer Niederschrift vom 13. September 1945 »weit über 500.000 Exemplare meiner Schriften allein durch den Druck verbreitet [wurden]« [35]. Zudem wurden seine Gedichte oftmals kopiert und unter der Hand weitergereicht. Die Resonanz seiner Schriften belegen mehr als 30.000 überkommene Briefe, die deutlich machen, dass sein Werk eine »Widerstandshandlung« war und als solche verstanden wurde. [36]

---

[32] In Freiburg schloss er sich einem Kreis katholischer Intellektueller an. Siehe Ekkehard Blattmann: *Reinhold Schneiders Ideenlaboratorium. Notate aus dem »Freiburger Kreis« um Karl Färber und Reinhold Schneider*, in: *Die totalitäre Erfahrung. Deutsche Literatur und Drittes Reich*, hrsg. von Frank–Lothar Kroll. Literarische Landschaften. Herausgegeben im Auftrag der Kulturstiftung der deutschen Vertriebenen von Frank–Lothar Kroll Band V. Berlin 2003 S. 267–301, hier S. 268f.

[33] Siehe Armin Mohler/Karlheinz Weissmann: *Die Konservative Revolution in Deutschland 1918–1932. Ein Handbuch*. 6. völlig überarbeitete und erweiterte Auflage Graz 2005, S. 201. Rückblickend formulierte Schneider seine Wirkungsabsicht: »Ich sah in ihr [der Geschichte] die Möglichkeit eines Protestes gegen die Verfolgung der Juden«, in: Schneider: *Tag* (wie Anm. 5), S. 111. Der mit ihm befreundete Schriftsteller Jochen Klepper, der mit seiner jüdischen Frau und Stieftochter 1942 in den Freitod ging, schrieb am 9. Oktober 1938 »Wie hat die Gegenwart uns gelehrt, Quellen zu lesen.« Zitiert nach Cordula Koepcke: *Konservative Schriftsteller im Nationalsozialismus. Eine (preußische) Alternative*, in: *Die totalitäre Erfahrung*, hg. von Kroll (wie Anm. 32), S. 37–53, hier S. 44.

[34] Georg Langenhorst: *Reinhold Schneider heute lesen? Theologisch–literarische Annäherungen*, in: *Wege zu Reinhold Schneider. Zum 50. Todestag des Dichters*, hrsg. von Friedrich Emde/ Ralf Schuster. Passau 2008, S. 1–30, hier S. 19. Siehe auch Ralf Schuster (wie Anm. 7), S. 167–172.

Wiederholt geriet Schneider ins Visier der Gestapo. So wurden bei der Hausdurchsuchung eines jungen Offiziers, der 1943 wegen Wehrkraftzersetzung angeklagt war, »geheime Gedichte Reinhold Schneiders« entdeckt [37] Am Tag des Attentats reiste er wegen neuer Telegramme »von den gefürchtetsten Stellen« [38] zu einem Treffen mit seinem Verleger Joseph Rossé nach Colmar. In seinem Gedicht *Der Erntetag*, das er mit dem Datum »Colmar, 20.7.44« überschrieb, trat er für die Attentäter ein. Zwei Engel, die »[g]ewaltige Sensen« halten, üben Vergeltung als »Schnitter«, die »furchtbar walten / Und Gnade wird den schwülen Tag beenden«. [39]

Schneider war mit einigen Männern des 20. Juli freundschaftlich verbunden. [40] Mit Karl Ludwig Freiherr von und zu Guttenberg stand er in Kontakt, da er neben Oswald Spengler, Jochen Klepper und Ulrich von Hassel zum Kreis von Autoren zählte, die in dessen Zeitschrift *Weiße Blätter. Zeitschrift für Geschichte, Tradition und Staat* publizierten. [41] Zudem hatte er an einem Treffen von Karl

35 Zitiert nach Schmitt (Hrsg.): *Schneider* (wie Anm. 6), S. 35; Langenhorst (wie Anm. 32), S. 18f., nennt »millionenfach[e]« Kopien unter der Hand, allein von dem Sonett »Der Antichrist«. In seiner Autobiographie erwähnt Reinhold Schneider die unautorisierte Ausgabe seiner Aufsätze und Gedichte [*Das Gottesreich in der Zeit*] in Polen 1944 in einer Auflage von 20.000 Stück sowie die näheren Umstände im Vorfeld des Drucks. Siehe Schneider: *Tag* (wie Anm. 5), S. 152f.

36 Wolfgang Frühwald: »*Die innere Befreiung*« Reinhold Schneider und der innerdeutsche Widerstand gegen Hitler und den Nationalsozialismus, in: *Reinhold Schneider 1903–1958*, hrsg. von Reinhold–Schneider–Stiftung Hamburg 1988, Heft 35, S. 65–77, hier S. 71. Zu den Briefen, die Schneider in großer Zahl zugingen, siehe Stadie: *Wirkungsgeschichte* (wie Anm. 2), S. 68.

37 Wolfgang Wette: *Ehre, wem Ehre gebührt! Täter, Widerständler und Retter 1939–1945*. Schriftenreihe Geschichte & Frieden Band XXIV. Hrsg. von Dieter Riesenberger/Wolfram Wette. Bremen 2015, S. 205. Steinbach erwähnt Willi Graf, der Freund der Geschwister Scholl: »Es ist eigentümlich, welche überragende Bedeutung Schneider für uns gewonnen hat, er ist wohl einer der ganz wenigen Menschen, die uns Wesentliches zu sagen haben«. Zitiert nach Peter Steinbach: *Reinhold Schneider (1903–1958) – Bekenntnis eines Widerständigen zum Widerstand*, in: *Mut bewiesen. Widerstandsbiographien aus dem Südwesten*, hrsg. von Angela Borgstedt/Sibylle Thelen/Reinhold Weber. Schriften zur politischen Landeskunde Baden–Württembergs Band XLVI. Herausgegeben von der Landeszentrale für politische Bildung Baden–Württemberg. Stuttgart 2017, S. 399–410, hier S. 409.

38 Schneider: *Tag* (wie Anm. 5), S. 152.

39 *Reinhold Schneider Lyrik*. Auswahl und Nachwort von Christoph Perels. Reinhold Schneider: *Gesammelte Werke* Band V. Im Auftrag der Reinhold Schneider–Gesellschaft herausgegeben von Edwin Maria Landau. Frankfurt am Main 1981, S. 132 f., hier S. 133.

40 Siehe Schneider, hrsg. von *Schmitt* (wie Anm. 6), S. 107, 146; Ingo Zimmermann: *Reinhold Schneider. Weg eines Schriftstellers*. Eine Veröffentlichung der Reinhold–Schneider–Stiftung Hamburg. Stuttgart 1983 S. 141f. Zum Kontakt Reinhold Schneiders zum Kreisauer Kreis siehe Frühwald: *Befreiung* (wie Anm. 36), S. 68.

Ludwig Freiherr von und zu Guttenberg, Helmuth James Graf von Moltke und Peter Graf Yorck von Wartenburg teilgenommen, auf dem eine erste Zusammenkunft des Kreisauer Kreises vorbereitet wurde und das am 29. November 1941 im Atelier des Malers Heinrich–Alexander Graf von Luckner, stattfand.[42] In einem Brief an seine Frau beschrieb Moltke seine Eindrücke: »Schneider sprach wenig aber er hat mir im ganzen gefallen, macht jedoch einen sehr kranken Eindruck. T.B. [Tuberkulose] würde ich sagen«.[43] Schneider erinnerte später die Begegnung: »Wir können den letzten Gehalt weit entfernter Stunden nicht mehr ergreifen. Vielleicht hatten wir damals mehr Hoffnungen, als ich mir heute verdeutlichen kann. Und vielleicht doch nicht. Es war nur das Muß, das die drei vom Tode Umschatteten bewegte. [...] Die einstmals geführt hatten in der Tat, mußten nun führen im Opfer. Aber es ist nicht zu verschmerzen, daß sie nicht mehr sind«.[44] Diese Kontakte lassen vermuten, entgegen der oft überlieferten Einschätzung, Schneider habe nicht zum näheren Umfeld der Attentäter gezählt, dass er eine durchaus interessante und mit seinen Werken und Kleinveröffentlichungen deutlich belegbare wirkungsmächtige Beteiligung für den Widerstand geleistet hat. Nicht zuletzt deshalb wurde Schneider 1945 auf Betreiben Martin Bormanns wegen »Vorbereitung zum Hochverrat« angeklagt. Ein Prozess kam allerdings infolge der Wirren in den letzten Kriegstagen nicht mehr zustande.

1946 leitete Schneider sein Manuskript *Das Gedenkwort zum 20. Juli*[45], in welchem er ein deutliches Bekenntnis zu den Widerstandskämpfern des 20. Juli 1944 ablegte, mit dem Wort »Ehre« ein: »Die Ehre, ein Wort zum Gedächtnis derer zu sprechen, die aus der Entscheidung ihres Gewissens an

[41] Wolfgang Benz: *Im Widerstand. Größe und Scheitern der Opposition gegen Hitler*. München 2008, S. 71. Die 1934 von Guttenberg gegründete Zeitschrift musste 1942 eingestellt werden. Die Witwe Guttenbergs erinnerte in ihrem Schreiben dankbar an die Wirkung, die Schneider auf ihren Mann ausgeübt hatte: »Ein Gespräch mit Ihnen hat ja Karl Ludwig auch immer wieder Ruhe gegeben.«, in: *Macht der Wahrheit* (wie Anm. 2), S. 182f.; Rüdiger von Voss: *Das Vermächtnis des Staatsstreichs vom 20. Juli 1944. Rezeption und historische Wahrnehmung des Widerstands*. Berlin 2024, S. 20.

[42] Frühwald: *Befreiung* (wie Anm. 36), S. 68.

[43] Zitiert nach Peter Steinbach: *»Distanz – eine bändigende Kraft«*, in: *Macht der Wahrheit* (wie Anm. 2), S. 11–61, hier S. 32.

[44] Schneider: *Tag* (wie Anm. 5), S. 136.

[45] Steinbach: *»Distanz«*, in: *Macht der Wahrheit* (wie Anm. 2), S. 11–61. Im Folgenden beziehen sich die Zitate aus Reinhold Schneiders *Gedenkwort* auf die Reproduktion des Typoskripts (22 Blatt), abgedruckt in: *Macht der Wahrheit* (wie Anm. 2), S. 207–227, Seitenangaben sind in Klammern im Text angegeben.

den Vorgängen des 20. Juli teilgenommen haben und ihr Opfer geworden sind, kann nur als eine Verpflichtung verstanden werden.« (S. 207). Mit diesem Auftakt – »Ehre« war von den Nationalsozialisten in ihrem Sinne instrumentalisiert und missbraucht worden – reagierte er deutlich auf die in den Nachkriegsjahren anhaltenden Vorwürfe von Verrat, Ehrlosigkeit und Eidbruch. Auch staatliche Stellen taten sich schwer, wie die erwähnte Absage der Gedenkveranstaltung durch das Stuttgarter Ministerium deutlich machte. Der Programmleiter des Südwestfunks, der zum 20. Juli 1949 eine von Schneider gekürzte Textfassung des Gedenkvortrags sendete, stellte in der Öffentlichkeit weiterhin eine distanzierte Haltung fest, »weil offenbar kein Verständnis mehr dafür besteht, dass ein Opfer nicht weniger gross ist, wenn ihm der geschichtliche Erfolg versagt bleibt.«[46]

Schneider machte ebenfalls gegenüber der Mehrheitsmeinung in der Öffentlichkeit deutlich, »[n]icht wir sind es ja, die Ehre zu vergeben haben; vielmehr geht eine Ehre aus von den Toten, deren wir gedenken.« (S. 207). Den Ton setzte er mit einem Zitat aus Shakespeares Schauspiel *Richard II.*, das er dem *Gedenkwort* voranstellte. Shakespeares Protagonist, den Schneider zu den »Gewissenskranke[n] unter der Krone« zählt, fand im Kerker zu neuer Erkenntnis: »Richard II. kann büßen [...] und das Wort ›Krone‹ nähert sich hier der Bedeutung, die es in der Schrift hat als der im Jenseits sichtbar werdende Glanz bestandener Prüfung.«[47]

Schneider verweigerte kritische Fragen nach »welcher Art Herrschaft sie befestigt hätten« (S. 214), sondern unterstrich vielmehr mit seinem programmatischen Titel »Die innere Befreiung«[48] Notwendigkeit, Beweggründe und das Verständnis derer, »die sich aufgerufen fühlen, eine aus den Fugen gegangene Welt wieder einzurichten«, indem sie »heissen Herzens nach dem Recht, nach dessen Wiederherstellung unter ihrem Volke und in der Welt« (S. 207) trachten. Unter den Bedingungen des totalitären Machtanspruchs des Hitlerregimes, das eine Lösung des Konflikts »im offenen Gericht« nicht zuließ, hatten die Attentäter Schneider zufolge es nicht vermocht, »allem Anscheine nach noch tückischer« (S. 208) zu sein. Damit benannte er die Tragik des Geschehens mit aller Deutlichkeit.[49]

---

[46] Zitiert nach Stadie: *Wirkungsgeschichte*, in: *Macht der Wahrheit* (wie Anm. 2), S. 77.

[47] Reinhold Schneider: *Macht und Gewissen in Shakespeares Tragödie*. Berlin 1947, S. 22.

[48] Diesen Titel trug nur die Ausgabe der amerikanischen Zone, siehe Stadie: *Wirkungsgeschichte*, in: *Macht der Wahrheit* (wie Anm. 2), S. 73 Anm. 42.

[49] Steinbach: *»Distanz«*, in: *Macht der Wahrheit* (wie Anm. 2), S. 43.

Ins Zentrum seiner Rede stellte Schneider die Frage nach Macht und Verantwortung, die für ihn unlösbar miteinander verbunden waren. Nach seiner Überzeugung konnte das Attentat, das »eine befreiende Tat sein sollte, mit allen ihren Möglichkeiten und Folgen aber eine schlechthin gute Tat nicht genannt werden.« (S. 208). Mit Blick auf etwaige unschuldige Opfer lehnte er ein solches Ansinnen entschieden ab und sprach daher bereits eingangs von »Makel« (S. 207). Dennoch gestand er zu, dass der Tyrannenmord – Schneider nennt Hitler nicht mit Namen, spricht vielmehr von »Gewaltherr« (S. 218), »Tyrann« (S. 220) oder dem »Friedlosen« (S. 225) – geboten gewesen sei: »In einer solchen Welt ist die Bereitschaft zum Opfer für die Freiheit der Brüder – eine Bereitschaft um den Preis der Schuld – vielleicht die beste Tat.« (S. 215). Mit seinem Hinweis auf die Nürnberger Prozesse, die ab November 1945 geführt wurden und in den Medien breite Berichterstattung fanden [50], sah er zudem die Überzeugung der Attentäter, »dass Recht wieder geschehen müsse und dass wir den Mut haben sollten, zu richten, ehe das Gericht über uns kommt« (S. 210), mit aktueller Anschaulichkeit bestätigt. Auch im Rückblick ging er nochmals auf die zentrale Frage ethisch begründeten Handelns ein und bekräftigte seine Forderung, dass der Einzelne sich »in ernstester Verantwortung auch dazu entschließt und in sich selbst Gottes Richtschwert erblickt. Wenn er dazu gelangt, ist er nicht mehr angreifbar. Er kann auf der Höhe reinen Opfers stehen. Denn es ist ja kein größeres Opfer als die Bereitschaft, eine Schuld auf sich zu nehmen, von der es ungewiß ist, ob sie gesühnt werden kann. Von den Attentätern des 20. Juli gilt zum mindesten, was die Alten von Herakles sagten: daß er der gerechteste aller Mörder gewesen sei«. [51] Dies macht deutlich, dass Schneider die Ereignisse in einen größeren Kontext einband, »den Ort des Menschen in der Geschichte, in der Ordnung, im Spannungsverhältnis zur Heilgeschichte.« [52]

[50] Siehe Frank Trentmann: *Aufbruch des Gewissens. Eine Geschichte der Deutschen von 1942 bis heute.* Aus dem Englischen von Henning Dedekind/Franka Reinhart/Karin Schuler/Heide Lutosch/Sabine Reinhardus. Frankfurt am Main 2023, S. 170.

[51] Schneider: *Tag* (wie Anm. 5), S. 142. Siehe Peter Meinhold: *Reinhold Schneider – ein Mann des Widerstandes*, in: Saeculum 30 (1979), S. 264–279, hier S. 275f.; Hans Getzeny: *Reinhold Schneider. Seine geistige und künstlerische Entwicklung am Beispiel erzählender Prosa.* Europäische Hochschulschriften Reihe I Deutsche Sprache und Literatur Band MXXIII. Frankfurt am Main/Bern/New York/Paris 1987 S. 101f.

Für Schneider war das Gewissen zentrale Instanz politischer Moralität, wie er 1947 am Beispiel von Shakespeares Tragödie deutlich machte. Das christliche Gewissen sei angesichts der »Versuchungen der Macht« zu »einer Selbstprüfung ohne Ende« aufgerufen. »Wenn nur das Gewissen die Macht verwahren, vor unrechten Händen schützen kann, wie entschieden muß es sich dann verteidigen gegen einen jeden Versuch der Macht, es in Abhängigkeit zu ziehen!«.[53] In seinem *Gedenkwort* ließ er keinen Zweifel, dass er den Umsturzversuch für einen Aufstand des Gewissens hielt, der in der missbräuchlichen Instrumentalisierung der Macht durch die Diktatur begründet lag, »das Unrecht war es, an dem sie am bittersten gelitten haben« (S. 207). Die Attentäter, deren Verbindungen mit dem Regime, dem einige von ihnen in hohen Positionen gedient hatten, Schneider nicht verschwieg, waren zu der Überzeugung gelangt, dass unter den Nationalsozialisten die »Staatsmacht in falsche Hände gefallen ist«, in der »es nicht mehr möglich ist, Recht zu tun, ohne den von ihr [der Staatsmacht] verhängten Pflichten zu widersprechen.« (S. 212). In diesem Konflikt zwischen Recht und Pflicht sieht Schneider die Entscheidung der Attentäter – und damit des Widerstandes – für das Recht als eine wahre Widerstandsentscheidung, denn es bedeutete für sie zugleich statt der staatsbürgerlichen Ehre eine Entscheidung für Unehre im Interesse des Rechtsstaates. Mit ihrem Bekenntnis »zum unveräusserlichen Werte echten Menschentums, zur Freiheit der Haltung, der Möglichkeit des inneren Ja und Nein« (S. 221) widersetzten sie sich dem Unrecht einer Diktatur, die in ihrer Willkür dem Einzelnen »jede Freiheit der Entscheidung bestritt« (S. 213). Spiegelbild dieses langwierigen, häufig von Selbstzweifeln und Widersprüchen durchsetzten Prozesses war die Erkenntnis, im »Ringen für und wider diesen Entschluss zerrann ihnen vielleicht die günstigste Stunde.« (S. 209). In diesem langen Ringen um eine vertretbare Entscheidung spielten für Schneider Fragen von Recht, christlicher Verantwortung und Menschenwürde offenbar eine entscheidende Rolle: »Dann wird als Pflicht über allen Pflichten der Gehorsam gegen die Gebote des Gewissens offenbar« (S. 212).[54] In der Nachkriegszeit fanden hier Kritiker ganz offenbar einen Anknüpfungspunkt, weil sie Schneiders Haltung als Emotion werteten und die in seinem Sinne zum Ausdruck

52 Peter Steinbach: *Bekenntnis* (wie Anm. 37), S. 407.
53 Reinhold Schneider: *Macht* (wie Anmerkung 47), S. 10. Siehe dazu Steinbach: *»Distanz«*,
    in: *Macht der Wahrheit* (wie Anm. 2), S. 44–49; Meinhold: *Schneider* (wie Anm. 51), S. 269.
54 Schneider: *Tag* (wie Anm. 5), S. 60f.

gebrachte Vernunft auf der Basis christlicher Werte missverstanden. Aus Schneiders Sicht war mit dem Attentat die Sicherung des Rechtsstaats verbunden mit dem Ziel »das Recht wieder einzusetzen, dem Volke in Wahrheit zu helfen, die Welt von dem Verderben zu befreien, das von unserem Lande ausgegangen ist« (S. 213). Somit sah Schneider in der Verpflichtung, staatliche Ordnung unter der Maßgabe des Rechts zu verwirklichen, eine weit über Deutschland hinausreichende Relevanz gegeben. [55]

Mit der Frage nach dem »inneren Ja und Nein« (S. 221) sprach er zugleich das Verhalten derer an, die sich auf vielfältige Weise entzogen: »[D]as war es ja, was unser Leben verbitterte und verzehrte: dass das Gewissen pochte und drängte an unsere Tür; wir wussten vom geschehenden Unrecht, von entsetzlichen Leiden Wehrloser – wenn wir auch das volle Mass dieses Leidens nicht ahnten.« (S. 211). Wenn Schneider solche, meist inneren Widersprüchlichkeiten klar zum Ausdruck brachte, schloss er seine eigene Person mit ein, wie er auch später deutlich machte. »Wir wagen es zu sagen: zu verantworten hat sie [die Schuld] ein jeder, der nur ein einziges Mal an das Recht dieses Mächtigen glaubte. [...] Es gibt kein Heil als im Bekenntnis, in der Wandlung [...].«[56]

Wenn Schneider im weiteren Verlauf auf die realen Verhältnisse der Tat verweist und meint, Richter verübten wissentlich Unrecht, diejenigen, die die Herrschaft im Grunde ihres Herzens durchschauten, rühmten sie jedoch um des eigenen Vorteils willen, Künstler und Wissenschaftler verliehen dem verbrecherischen Staatswesen öffentlich Glanz, während sie im privaten Umfeld ihre innere Reserve betonten, so darf man dies zwar nicht als pauschales Urteil verstehen, wohl aber als klaren Vorwurf gegenüber den in der Zwischenzeit in der Forschung längst festgestellten großen Kreisen »nichtwissender« Mitläufer. Zugleich wandte sich Schneider gegen jene Stimmen, die sich nach 1945 auf folgenschwere »Zwänge« beriefen und persönlicher Verantwortung immer noch auswichen. Entsprechend dieser Erkenntnis hat auch Hannah Arendt festgestellt, dass sich doch die Mehrheit der Zeitgenossen entgegen späteren Behauptungen in die Gegebenheiten des Naziterrors gefügt hatte. [57] Die Attentäter waren demgegenüber in Übereinstimmung von »Sein und Handeln« (S. 212) ihrem Gewissen gefolgt, und im Wissen, dass keiner der

---

[55] Steinbach: »*Distanz*«, in: *Macht der Wahrheit* (wie Anm. 2), S. 11–61, S. 44.

[56] Reinhold Schneider: *Der Mensch vor dem Gericht der Geschichte*. Baden–Baden 1946, S. 19f.

[57] Siehe Hannah Arendt: *Eichmann in Jerusalem. Ein Bericht von der Banalität des Bösen*. Aus dem amerikanischen Englisch von Brigitte Granzow. Herausgegeben von Thomas Meyer. Mit einem Nachwort von Helmut König. 2. Auflage München 2024, hier S. 219.

Beteiligten »mit unbefleckter Hand« (S. 208) daraus hervorgehen könne, verbunden. Im Wissen um eigene Schuld wagten sie Tyrannenmord und Staatsstreich und zeigten somit trotz der Gefahr und der Gefährdung ihrer eigenen Person Möglichkeiten des Handelns unter den Bedingungen der Diktatur auf, »[u]nd wenn es nicht alle taten, so mussten einige wenige, vielleicht schon Verlassene, nach der Ehre der Verantwortung greifen – auf die Gefahr, es um den Preis unauslöschlicher Schande zu tun.« (S. 213). Die Notwendigkeit für diese Handlungsweise hat Schneider anerkannt und gewürdigt und in gewisser Weise auch für sich in Anspruch genommen, denn er vertrat auch für seine Person das notwendige Recht auf Freiheit und Würde. »Indem diese Männer sich erkühnten, den Bruch mit aller scheinhaften Ehre zu vollziehen, zeigten sie sich als Freie, gewannen sie sich im Angesichte tödlicher Übermacht die Würde der Verantwortung, des Eintretens für das Tun ihres Volkes zurück, welche Würde des Menschen eigentlicher Adel ist.« (S. 213f).

Nach Schneiders im Christentum gründender Überzeugung, dass der Mensch nicht einem gnadenlosen Schicksal ausgeliefert sei, war die Tat, »eine ganz andere, als sie sich ursprünglich vorgenommen: eine Tat, der sie wider ihr Wissen und Planen über ihre zertrümmerten Hoffnungen, durch Schuld und Reue und grenzenlosen Schmerz von der Gnade entgegengeführt worden sind« (S. 222). Im Scheitern eröffnete sich ihnen ein Weg zu Läuterung und Sühne.[58] Dies erhöht ihr Handeln, denn »im Leiden bestand nun das andere, das grosse Tun dieser »Männer« (S. 216). [...] Es ist kein Zweifel, dass sie im Tode sehr viel weiter waren, als am Morgen ihrer Tat« (S. 223). Wolfgang Frühwald hob hervor, dass Schneider, eigentlich Gegner des Tyrannenmords, angesichts der Verstrickung des Gewissens in den unauflösbaren Gegensatz von Pflicht und Recht im »Paradox des mystischen Glaubens an einen Gott, der vernichtet, um zu retten, der kreuzigt, um zu erlösen« eine Antwort fand.[59]

Reinhold Schneider war sich bewusst, dass sein *Gedenkwort* nicht ungeteilte Zustimmung finden würde. Zu ambivalent war die zeitgenössische Haltung gegenüber den Attentätern, und noch lange war eine Mehrheit der Deutschen der Meinung, dass es sich um »Landesverräter« gehandelt habe, wie sich ganz besonders deutlich im Braunschweiger Remer–Prozess 1952 gezeigt hat.[60] Im selbstkritischen Blick auf Zurückliegendes bestand auch für ihn einzig die

---

[58] Sie dazu Steinle: *Schneider* (wie Anm. 9), S. 218–230, S. 223.
[59] Frühwald: *Befreiung* (wie Anm. 36), S. 72.
[60] Vgl. den Beitrag von Gerd Biegel in diesem Band.

Möglichkeit einer radikalen Wendung im Denken und Handeln. Dabei richtete sich sein Denken allein auf den Einzelnen, dem er kritische Selbstbefragung abverlangte, einschließlich seiner eigenen Person, da er erkannte, dass »wir die Gewalt, die Untat schweigend trugen, die zu tragen, zu verantworten ihnen nicht mehr möglich war« (S. 216).[61] Es sei nochmals betont, dass »Schuld« nach Schneider bereits im bloßen Gedanken jedes Einzelnen lag, da »[u]nsere Gedanken, unser Trachten, unsere Wünsche [mit]bestimmen [...] an der Form des Staates, des geschichtlichen Lebens; der Tyrann wäre nicht gekommen, wenn wir ihm nicht entgegen gegangen wären. [...] zwischen ihm und uns geschah eine echte Begegnung, die noch nicht ausgetragen ist« (S. 220). Somit konnten mit Schneiders rigoroser Sichtweise wohl nur wenige Zeitgenossen von ihrem eigenen Gewissen freigesprochen werden, wie sie es in großer Zahl nach Kriegsende für sich in Anspruch nahmen. [62] Es sei erinnert an die Aussage des ehemaligen Ministerpräsidenten von Baden–Württemberg, der auf den Vorwurf des Dramatikers Rolf Hochhuth, der »Hitlers Marineminister« als »furchtbaren Juristen« bezeichnete, den bekannten Interview–Satz als Rechtfertigung äußerte: »Was damals rechtens war, kann heute nicht Unrecht sein.« [63]

1946 rief Schneider in einem Vortrag dazu auf, jeder solle sich die Frage stellen: »Was würde ich *heute* tun, wenn unsere Truppen siegreich vorbeidefilierten?« [64] Die ernsthafte Gewissenserforschung, er sprach von der »Wahrhaftigkeit eines Daseins und Lebens unter dem Gewissen«, galt Schneider als grundlegende Bedingung für »die Wiederherstellung inneren Wertes.« (S. 221). Mit selbstkritischem Blick sah Schneider die Voraussetzung für die Neugestaltung einer Zukunft, in der »man dem Gewandelten glaube und eines Tages die Ehre ihm zuerkenne, die er sich im Abgrund seiner Not, in der Begegnung mit sich und der Welt geduldig errungen hat.« (S. 223). Dieses Ziel kann man in der Bundesrepublik mit dem 23. Mai 1949 und der Verabschiedung des Grundgesetzes als erreicht sehen.

---

[61] Zur Frage von Schuld siehe Trentmann: *Gewissen* (wie Anm. 50), S. 167–173; Zimmermann: *Schneider* (wie Anm. 40), S. 142–146.

[62] Steinle: *Schneider* (wie Anm. 9), S. 228. Auch in seiner Autobiographie zielte Schneider beharrlich auf die Frage nach persönlicher Schuld. »Es bleibt die Verantwortung für das Ganze, für die geschichtlich gewesene Gestalt. Aber es ist gegen meine Bestimmung, einen Trost auszusprechen, wo keiner ist. Es ist und bleibt Schuld – und nicht Notwendigkeit –, daß jene Möglichkeit vollzogen wurde«, siehe *Schneider: Tag* (wie Anm. 5), S. 157.

[63] Siehe Artikel: *Hans Karl Filbinger* [https://de.wikipedia.org/wiki/Hans_Filbinger], abgerufen: 24.6.2024.

[64] Zitiert nach Zimmermann: *Schneider* (wie Anm. 38), S. 143f.

Schneider brachte die Widerstandskämpfer ins Bewusstsein der Öffentlichkeit, sie, die »aus der Ferne, in die sie schon erhoben sind, noch ein anderes Wort zu sagen« haben (S. 223). Mehr noch, nach eigenem Bekunden wagte er »es [das Wort] zu erraten, es auszusprechen.« (S. 223). Er betonte die Bereitschaft der Widerstandskämpfer unter den Bedingungen der Diktatur, das Verbindende ihrer Gemeinschaft in den Vordergrund zu stellen: »einig [...] über alle Gegensätze der Meinungen, der Verpflichtungen hinaus. Einigkeit fordern sie von uns, von allen, die helfen wollen« (S. 225). Schneider unterstrich, ihrer Haltung sei »etwas Ritterliches zu eigen gewesen; die Berufung den Drachen zu schlagen, Hilflose zu schützen, Verführte zu befreien, dem Unrecht zu steuern und es sühnend wieder gut zu machen« (S. 224) [65].

Damit richtete Schneider den Blick auf die Zukunft und appellierte an jeden Einzelnen. Als Leitlinie seiner Beurteilung des 20. Juli kann gelten, was er bereits 1939 schrieb: »Gehen Sie mitten hinein! Retten werden Sie nichts. Denn der Herr rettet, nicht die Menschen. Werden Sie zum Zeugen, mitten im Feuer! Aber Sie müssen wissen, wofür Sie einstehen sollen«. [66] Dies erforderte auch die Bereitschaft, Mitverantwortung zu übernehmen, denn: »[w]ir müssen es lernen, den zu prüfen, der mächtig wird. Ein Jeder muss sich erkennen als verantwortlicher Mitverwalter der Macht« (S. 219). Im Wissen, dass das »Böse immer ganz nahe« ist (S. 225), regte Schneider an, über die Existenz hinaus »uns zu verbünden; es kann nur geschehen, indem wir das Grössere suchen, das über uns allen ist: die Wahrheit, das ewige Recht. Männer, die den Frieden in sich tragen und zum Frieden bereit sind, werden das Böse bezwingen. Die Toten verlangen von uns, dass wir Frieden haben und halten« (S. 225).

Schneiders *Gedenkwort* fand breite Resonanz. Dem *Hilfswerk 20. Juli*, einem Kreis der Angehörigen und Hinterbliebenen, [67] stellte er 1947 auf Bitten der Gräfin von Hardenberg 155 signierte Exemplare zur Verfügung. [68] In dieser persönlichen Geste brachte Schneider, der wie erwähnt trotz der Gefährdung

---

[65] Siehe hierzu den Dankesbrief von Friedrich Carl Nicolaus Constantin von Dietze, in dem er Schneiders Begriff der Ritterlichkeit aufgriff. »Darf ich doch hoffen, dadurch [mit eigener Biografie] auch zur Erhaltung und Verbreitung des Ritterlichen in dem von Ihnen so dankenswert hervorgehobenen Sinne etwas beitragen zu können, einer Ritterschaft, deren Waffen nicht fleischlich sind.«, in: *Macht der Wahrheit* (wie Anm. 2), S. 173–176, hier S. 175.

[66] Zitiert nach Getzeny: *Schneider* (wie Anm. 51), S. 75.

[67] Zum *Hilfswerk 20. Juli* siehe von Voss: *Vermächtnis* (wie Anm. 41), S. 170–182.

[68] Stadie: *Wirkungsgeschichte*, in: *Macht der Wahrheit* (wie Anm. 2), S. 74–76. Zugunsten des Hilfswerks hatte Reinhold Schneider auf sein Honorar in Höhe von 300 RM verzichtet.

durch den Überwachungsstaat mit vielen Familien der Widerstandskreise in Verbindung war, seine Anerkennung für die Frauen der Widerstandskämpfer schon früh zum Ausdruck.[69] »Ehre denen, die nicht abrieten vom Wagnis und nicht zuliessen, dass die Bande der Liebe, der Familie zur Fessel wurden!« (S. 226). Auch wenn nicht alle Verschwörer ihre Frauen in ihre Gedanken und Überlegungen einbezogen, schon um die Angehörigen bestmöglich vor Repressalien zu schützen, waren viele von ihnen mit ihren Familien bereits unmittelbar nach der Tat von den Auswirkungen der Sippenhaft betroffen, selbst die Kinder.[70] Schneiders Würdigung der Tat als Opfergang fand ihren dankbaren Beifall, wie viele Antwortschreiben eindrucksvoll zum Ausdruck brachten.[71]

Darüber hinaus traf das *Gedenkwort* in weiten Kreisen, auch bei den Alliierten, auf Resonanz. Die in der amerikanischen und französischen Zone aufgelegten Ausgaben waren jeweils innerhalb weniger Monate vergriffen.[72] Der Freiburger Herder Verlag, bei dem die Ausgabe der französischen Zone erschien, hatte die Publikation zudem mit einer Pressekampagne unterstützt, für die von Schneider Vorschläge erbeten wurden, damit »was das Wichtigste ist, die denkbar beste Wirkung erzielt wird«.[73] 1956 erinnerte Schneider in seiner Dankesrede bei der Verleihung des Friedenspreises des Deutschen Buchhandels in der Frankfurter Paulskirche erneut an die Attentäter des 20. Juli, die »erkennen [mussten], daß die Darstellung äußerster Freiheit von ihnen gefordert wurde.«[74]

[69] Stadie: *Wirkungsgeschichte*, in: *Macht der Wahrheit* (wie Anm. 2), S. 68; Jürgen Danyel: *Der 20. Juli*, in: *Deutsche Erinnerungsorte II*, hrsg. von Etienne François/Hagen Schulze. München 2001, S. 220–237, hier S. 221; Tobias Korenke: *Widerstand als Loyalität. Zum Verständnis einer deutschen Freiheitsbewegung*. Essen 2020.

[70] Steinbach: *»Distanz«*, in: *Macht der Wahrheit* (wie Anm. 2), S. 75f., betont Schneiders Würdigung der Frauen, die sich deutlich von dem im »Dritten Reich« propagierten Bild der Frauen abhob. Zum Schicksal der Angehörigen als Folge der Sippenhaft vgl. den Beitrag von Hans–Jürgen Derda in diesem Band.

[71] Siehe Ingrid von Oertzen: »Welche Bedeutung dieser 20. Juli aber im Hinblick auf unser Land hat, insofern, als er der letzte Versuch unseres Volkes war, den erzwungenen Widerstreit von Denken u. Handeln, von Gewissen und Gehorsam zu brechen, darüber sind sich wohl viele nicht im klaren.«, in: *Macht der Wahrheit* (wie Anm. 2), S. 143.

[72] Ein Abdruck erfolgte 1974 in den Mitteilungen der Reinhold–Schneider–Gesellschaft; 1997 folgte ein weiterer in der Reihe »Wesen und Widerstand«. Siehe Stadie: *Wirkungsgeschichte*, in: *Macht der Wahrheit* (wie Anm. 2), S. 73, 78f.

[73] Zitiert nach Stadie: *Wirkungsgeschichte*, in: *Macht der Wahrheit* (wie Anm. 2), S. 75.

[74] Die Rede ist abgedruckt in Schmitt (Hrsg.): *Schneider* (wie Anm. 6), 258–271, hier S. 262; Stadie: *Wirkungsgeschichte*, in: *Macht der Wahrheit* (wie Anm. 2), S. 78.

Reinhold Schneiders *Gedenkrede zum 20. Juli* aus dem Jahr 1946 zählt zu den frühen Beiträgen in dem Bemühen um Würdigung und Anerkennung des Widerstands in Westdeutschland. Reinhold Schneider betonte, »[...] wenn die Männer des 20. Juli schuldig geworden sein sollten aus Not, wie viel mehr sind wir dann schuldig geworden, die wir die Gewalt, die Untat schweigend trugen, die zu tragen, zu verantworten ihnen nicht mehr möglich war!« (S. 216). Er stand damit in einem beginnenden Narrativ, das bereits Ricarda Huch in der *Täglichen Rundschau* vom 1. Januar 1946 vorgegeben hatte, mit der Aufforderung an die Deutschen, sich der furchtbaren Taten schuldig zu bekennen, »die mit Höllenfeuer in die Geschichte eingebrannt sind«. Dabei gewann ihre Schlussbemerkung mit heutigem Blick bedrückende Aktualität: »Betrachten wir uns nicht als Opfer, sondern als solche, die mit der Hölle im Bunde waren und wunderbar gerettet sind.«[75]

Ebenso wurde man im Remer-Prozess an Schneider erinnert, als der Braunschweiger Generalstaatsanwalt Fritz Bauer in seinen Schlussplädoyer feststellte, »ein verratenes Volk könne man nicht verraten, Hitler sei der ›wahre Verräter‹ gewesen«,[76] und Schneider betont hatte: »An verbrecherischer List und Umsicht konnten die Männer [...] den Verbrecher nicht erreichen, geschweige denn übertreffen« (S. 209). Darin lag für Schneider die Tragik des Widerstands, nämlich nicht das Scheitern, sondern die Vergeblichkeit »allem Anscheine nach noch tückischer zu sein" (S. 208) als »der wahre Verräter«.

[75] Vgl. den Beitrag von Gerd Biegel in diesem Band.
[76] Ebd.

Gerd Biegel

»Nein, eine Grenze hat Tyrannenmacht«
Widerstand zwischen Würde und Recht

20. Juli 1944 – wie selbstverständlich gehen wir heute davon aus, dass unsere politischen und gesellschaftlichen Repräsentanten, die Bundesregierung und die Länderregierungen, aber auch die Mehrheit der Gesellschaft mit diesem Datum ein tiefgreifendes Ereignis der deutschen Geschichte verbinden wird: ein Ereignis, dem schließlich jährlich Anerkennung und würdiges Gedenken gewidmet wird. Tatsächlich kann man feststellen, dass ein solches Gedenken »seit Jahrzehnten unverzichtbarer Bestandteil der Identität der Bundesrepublik Deutschland und Bezugspunkt des offiziellen politisch–ethischen Wertekanons« ist. [1]

Diese Aussage erscheint so selbstverständlich und unzweifelhaft, dass in Vergessenheit gerät, wie lange der Prozess der Anerkennung tatsächlich gedauert hatte. Peter Steinbach leitete 2004 sein Buch *Der 20. Juli 1944* mit dem nachdenkenswerten Hinweis ein: »Zu den Gescheiterten des Attentatsversuchs vom 20. Juli 1944 gehörte der gesamte Widerstand. Ein gelungener Umsturz hätte die Zahl der Opfer des Krieges mehr als halbiert, die Auslöschung der ungarischen Juden verhindert, Todesmärsche der Gefangenen unmöglich gemacht, viele Städte vor ihrer Zerstörung im Bombenhagel bewahrt und die Kriegsgefangenschaft der ›Endkampfgefangenen‹ verhindert. Hitlers Beseitigung wäre nicht nur eine wichtige Zäsur des Zweiten Weltkriegs, sondern auch eine Chance für die europäische Geschichte gewesen.

Umso überraschender ist, dass sich die Deutschen viele Jahre sehr schwer taten, die Leistungen des Widerstands anzuerkennen, die Energie der Verschwörer zu würdigen und die Vorbereitung der *Operation Walküre* als eine

---

[1] Rüdiger von Voss: *Der Staatsstreich vom 20. Juli 1944. Politische Rezeption und Traditionsbildung in der Bundesrepublik Deutschland.* Berlin 2011, S. 11; Frank–Lothar Kroll/Rüdiger von Voss (Hrsg.): *Für Freiheit, Recht, Zivilcourage. Der 20. Juli 1944.* Berlin 2020. Josef D. Blotz: *Denkmäler für den Widerstand gegen den Nationalsozialismus. Topographie einer deutschen Erinnerungslandschaft am Beispiel des 20. Juli 1944.* (Beiträge zur Militärgeschichte Band 83). Berlin/Boston 2024.

[2] Peter Steinbach: *Der 20. Juli 1944.* München 2004, S. 15; Winfried Heinemann: *Unternehmen »Walküre«. Eine Militärgeschichte des 20. Juli 1944.* Berlin/Boston 2020.

militärische Leistung zu bewundern, die nicht am Unvermögen der Beteiligten, sondern an der abwartenden und schließlich ablehnenden Haltung höchster Militärs scheitern sollte.«[2]

Das faktische Geschehen um den 20. Juli 1944 ist bekannt und in der Forschung inzwischen hinreichend dargestellt. Auch »die geschichtliche Aufarbeitung des deutschen Widerstandes ist bei der Klärung der wesentlichen Hintergründe und Abläufe weitgehend abgeschlossen«, resümiert Rüdiger von Voss im Jahr 2024.[3] Auch wenn zum Widerstand immer noch neue, meist persönliche Aufzeichnungen von Familien betroffener Widerständler bekannt werden, spare ich bei meinen Betrachtungen die beiden Ereignisfelder aus. Demgegenüber habe ich in meiner langjährigen Beschäftigung mit regionalgeschichtlichen Aspekten und Quellen zur Rezeption und Wirkungsmächtigkeit des Widerstands noch zahlreiche Bearbeitungsfelder anstehen, aber auch überraschende

---

[3] Rüdiger von Voss: *Das Vermächtnis des Staatsstreiches vom 20. Juli 1944. Rezeption und historische Wahrnehmung des Widerstandes*. Berlin 2024, S. 19; siehe auch: Hans Rothfels: *Die deutsche Opposition gegen Hitler. Eine Würdigung.* Krefeld 1949. Neuauflage Zürich 1994; Gilbert Badia: *Ces Allemands qui ont affronté Hitler.* Paris 2000; Wolfgang Benz/Walter H. Pehle (Hrsg.): *Lexikon des deutschen Widerstandes.* Frankfurt am Main 1994; Barbara Beuys: *Vergeßt uns nicht. Menschen im Widerstand, 1933–1945.* Reinbek b. Hamburg 1987; Karl Dietrich Bracher/Annedore Leber (Hrsg.): *Das Gewissen entscheidet.* Berlin 1957; Helga Grebing/Christl Wickert (Hrsg.): *Das »andere Deutschland« im Widerstand gegen den Nationalsozialismus.* Essen 1994; Gerhard Ringshausen/Rüdiger von Voss (Hrsg.): *Widerstand und Verteidigung des Rechts.* Bonn 1997; Hans Rothfels: *Die deutsche Opposition gegen Hitler. Eine Würdigung.* Zürich 1994 (Neuausgabe); Jürgen Schmädeke/Peter Steinbach (Hrsg.): *Der Widerstand gegen den Nationalsozialismus. Die deutsche Gesellschaft und der Widerstand gegen Hitler.* 3. Auflage München 1994; Peter Steinbach/Johannes Tuchel (Hrsg.): *Lexikon des Widerstandes 1933–1945.* 2. Auflage München 1998; Peter Steinbach: *Widerstand im Widerstreit. Der Widerstand gegen den Nationalsozialismus in der Erinnerung der Deutschen. Ausgewählte Studien.* 3. Auflage Paderborn u.a. 2001; Peter Steinbach/Johannes Tuchel (Hrsg.): *Widerstand in Deutschland 1933–1945. Ein historisches Lesebuch.* 3. Auflage München 2000; Gerd R. Ueberschär (Hrsg.): *Der 20. Juli 1944. Bewertung und Rezeption des deutschen Widerstands gegen das NS-Regime.* Köln 1994; Günther Weisenborn: *Der lautlose Aufstand. Bericht über die Widerstandstätigkeit des deutschen Volkes 1933 – 1945.* 4. Auflage Frankfurt am Main 1974; Gerd R. Ueberschär (Hrsg.): *Der deutsche Widerstand gegen Hitler. Wahrnehmung und Wertung in Europa und den USA.* Darmstadt 2002; Nils Kleine/Christoph Studt (Hrsg.): *»Das Vermächtnis ist noch in Wirksamkeit, die Verpflichtung noch nicht eingelöst.« Der Widerstand gegen das »Dritte Reich« in Öffentlichkeit und Forschung seit 1945.* Tagungsband zur XXVII. Königswinterer Tagung. (Schriftenreihe der Forschungsgemeinschaft 20. Juli 1944 e.V. Band 19). Augsburg 2016; Wolfram Wette: *Ehre wem Ehre gebührt! Täter, Widerständler und Retter 1939–1945.* Bremen 2015; Tobias Kniebe *Operation Walküre. Das Drama des 20. Juli.* Berlin 2009; Wolfgang Benz: *Im Widerstand. Größe und Scheitern der Opposition gegen Hitler.* München 2018.

Wendungen bei Beurteilungen von Personen und deren Handlungen erfahren. Zuletzt besonders heftig etwa der sogenannte »Dresdner Historiker–Streit« 1999/2000 zur Bewertung der Person Georg Elser und des Attentats von München 1939.[4] Es ist dies nur ein Beispiel, wie ambivalent und teilweise bei den sich ändernden politisch–gesellschaftlichen Entwicklungen der letzten Jahre fragwürdig die Haltung gegenüber dem Widerstand sich offen erneut bis hin zur Delegitimierung zeigt. Wie sehr das nationalsozialistische Narrativ von den »Landesverrätern«, vom Verstoß gegen »Treue« und »Soldateneid« in den Köpfen festsaß und wieder aktuell diskutiert wird, konnte ich 2012 feststellen. Nach meinem Eröffnungsvortrag zur Ausstellung zum Braunschweiger Remer–Prozess musste ich dem Vorwurf entgegentreten, mit der Rechtfertigung des damaligen Braunschweiger Gerichts und der Person Fritz Bauers, die »Landesverräter« zu Unrecht zu verteidigen.[5] Diese Reaktionen und Einordnungen setzen sich tendenziell fort. Es liegt nahe, sich die Frage zu stellen, was wir aus der Geschichte an Erkenntnissen eigentlich gewonnen haben, »eine Frage, die sich erneut stellt und dem Widerstand gegen das Wiedererstehen autoritärer Herrschaft und entgrenzter Gewalt totalitärer Diktaturen eine aktuelle einräumt«.[6] Insofern müssen wir weiter die Geschichte vermitteln, auch die Entwicklung der Erinnerung und Rezeption des notwendigen Widerstands beobachten und weiter stärken, denn es bleibt unabdingbar aktuell, »die Feinde der Freiheit zu benennen und sich zu rüsten, um Stand halten zu können«.[7]

Forschung und Vermittlung der Erinnerung und Wirkungsgeschichte des Widerstands ist für die Wissenschaft noch keineswegs beendet. Erfahrungen und Erlebnisse der Frauen und Familien der Widerständler rücken zunehmend in den Fokus und dies zu Recht. Wichtig ist dabei, dass die Betrachtungen und Beurteilungen sich lösen von der Heroisierung einzelner Persönlichkeiten des Widerstands, um ein wachsendes Verständnis in der Gesellschaft zu bewahren

---

[4] Siehe Mathens Hagedorny: *Georg Elser in Deutschland.* 2. Auflage Freiburg/Wien 2019, S. 104ff.; Peter Steinbach/Johannes Tuchel: *Georg Elser. Der Hitler-Attentäter.* Berlin 2010; Hellmut C. Haasis: *Den Hitler jag ich in die Luft. Der Attentäter Georg Elser.* Hamburg 2011; Wolfgang Benz: *Allein gegen Hitler. Leben und Tat des Johann Georg Elser.* München 2023.

[5] Gerd Biegel: *»Nein, eine Grenze hat Tyrannenmacht«. Fritz Bauer – ein Humanist und Jurist im Kampf für Deutschlands Zukunft,* in: Jahrbuch der Juristischen Gesellschaft Bremen 17 (2016), S. 7–30.

[6] von Voss: *Vermächtnis* (wie Anm. 3), S. 8.

[7] Ebd.

für die Bedeutung von Widerstand gegen autokratische Entwicklung und der Gefährdung des Rechtsstaats. Als Bundespräsident Richard von Weizsäcker in seiner berühmten Rede zum 8. Mai 1985 meinte, »wer sich der Unmenschlichkeit nicht erinnern will, der wird wieder anfällig für neue Ansteckungsgefahren«, knüpfte er an einen Kern der frühen Mahnungen nach 1945 zur Erinnerung an den 20. Juli 1944 an, so bei Ricarda Huch, Reinhold Schneider[8] und Theodor Heuss. Er konnte nicht ahnen, dass 39 Jahre später eine brisante Aktualität unsere bundesrepublikanische Gesellschaft erreicht, die dringender Erinnerung an die Geschichte weiter bedarf, denn »ohne Erinnerung an die beispiellosen Untaten des nationalsozialistischen Deutschlands […] besteht die Gefahr der Wiederholung«.[9] Lange war nach dem 20. Juli 1944 und auch nach dem Ende des unmenschlichen NS–Staats dafür kein Verständnis zu gewinnen – von wenigen Ausnahmen abgesehen. Auf zwei dieser Ausnahmen möchte ich im Folgenden aus regionalhistorischer Sicht eingehen.

Auch wenn sie ihr eigentliches Ziel nicht erreichen konnten, haben die Attentäter des 20. Juli 1944 ein Zeichen für den inneren Widerstand, das »andere Deutschland«, wie es Hans Mommsen bezeichnete[10], gesetzt. Nach Kriegsende aber erfuhren sie in großen Teilen der Bevölkerung dafür keine Anerkennung.[11]

Und der Weg in das Verdrängen und Vergessen war schon in vollem Gang. Deutlich machte dies Winston Churchill in seiner bekannten Rede an die akademische Jugend am 19. September 1946 in der Universität Zürich. Als er seine Europa–Vision vortrug und für die Etablierung »einer Art Vereinigte Staaten von Europa« plädierte, forderte er einen »segensreichen Akt des Vergessens«, einen »blessed act of oblivion« zwischen den bisherigen Feinden.[12]

---

8 Siehe Angela Klein in ihrem Beitrag in diesem Band. Für beratende Unterstützung und kritische Diskussion danke ich Angela Klein, Matthias Steinbach und Hans–Jürgen Derda.

9 Ähnlich hatte Bundespräsident Roman Herzog zum 27. Januar 1996 festgestellt: »Die Erinnerung darf nicht enden; sie muß auch künftige Generationen zur Wachsamkeit mahnen«. Siehe Christian Meier: *Das Gebot zu vergessen und die Unabweisbarkeit des Erinnerns. Vom öffentlichen Umgang mit schlimmer Vergangenheit.* 3. Auflage München 2010, S. 9.

10 Hans Mommsen: *Alternative zu Hitler. Studien zur Geschichte des deutschen Widerstandes.* München 2000, S. 30 passim.

11 Siehe Christian Graf von Krockow: *Eine Frage der Ehre. Stauffenberg und das Attentat vom 20. Juli 1944.* Reinbek 2004, S. 140; Steinbach: *20. Juli 1944* (wie Anm. 2), S. 15.

12 Denise Lindsay: *Winston Churchills Rede an die akademische Jugend in Zürich* [URL https://www.kas.de/de/web/geschichte-der-cdu/kalender/kalender-detail/-/content/winston-churchills-rede-an-die-akademische-jugend-in-zuerich], abgerufen am 27.06.2024; Meier: *Gebot* (wie Anm. 9), S. 10.

Zwar sollte dies erst geschehen, wenn die »crimes and massacres« geahndet wurden und auch eine Aussöhnung zwischen Frankreich und Deutschland erfolgt sei, doch fand die Rede in der deutschen Presse überwiegend positive Reaktionen. Bei den zeitnahen Umfragen zeigte sich nach wie vor ein ambivalentes Bild, das keine guten Voraussetzungen bot für eine ehrende Erinnerung des Widerstands. Eine Umfrage vom Oktober 1948 ergab, dass die Demokratie bei den Deutschen keinen großen Stellenwert besaß. Rund 57 Prozent der Befragten hielten den Nationalsozialismus immer noch für eine »gute Idee«, sahen diese nur »schlecht ausgeführt« und noch 1949 sah eine Mehrheit in den Jahren des NS–Staates »eine gute Zeit«. [13] In einer Umfrage Ende des Jahres 1951 zeigte sich folgendes Bild: Bei der Frage, wann es dem Deutschen Volk am besten gegangen sei, nannten 43 Prozent das Kaiserreich, 7 Prozent die Weimarer Republik, 44 Prozent das »Dritte Reich« und nur 2 Prozent die demokratische Gegenwart. [14]

Frühe Rezeption des Widerstands

Und doch setzte die Rezeption des Widerstands, und ganz besonders auch zum 20. Juli 1944, sehr früh ein. Die erste, die nach 1945, als die Widerstandskämpfer, vor allem die des 20. Juli, in weiten Kreisen der Bevölkerung als »Vaterlandsverräter« verunglimpft wurden, ihre Stimme erhob, war die braunschweigische Historikerin und Literatin Ricarda Huch. Es war die frühe Rezeptionsphase in einem langen Prozess um die Rehabilitierung der Widerstandskämpfer vom 20. Juli 1944 und ihrer Netzwerke. Ricarda Huch hatte die Notwendigkeit des gedenkenden Erinnerns bereits 1944 erkannt, als sie unmittelbar nach Bekanntwerden des gescheiterten Attentats ihr Gedicht *An unsere Märtyrer* [15] verfasste, das 1944 unter den Hinterbliebenen der Hingerichteten von Hand zu Hand ging [16]:

---

[13] Vgl. Dominik Geppert: *Die Ära Adenauer*. Darmstadt 2002, S. 88 passim; Peter Reichel: *Vergangenheitsbewältigung in Deutschland. Die Auseinandersetzung mit der NS–Diktatur von 1945 bis heute*. München 2001; Henning Hansen: *Die Sozialistische Reichspartei (SRP). Aufstieg und Scheitern einer rechtsextremen Partei*. Berlin 2007.

[14] Geppert: *Ära Adenauer* (wie Anm. 13), S. 88.

[15] Ricarda Huch: *Gesammelte Werke* Band 5. Köln 1971, S. 322f.

[16] Vgl. Karl–Joseph Hummel: *Glaubenszeugnis und Erinnerung, Verlust und Wiederkehr. Zum Umgang mit Märtyrern in Deutschland 1933–2000*, in: *Kirche, Krieg und Katholiken, Geschichte und Gedächtnis im 20. Jahrhundert*, hrsg. von Karl–Joseph Hummel/Christoph Kösters. Freiburg im Breisgau 2014, S. 129.

Schmerzen, unsägliche, litt der griechische Heros, bevor er
Sterben durfte und die erlösende Flamme noch schmerzte.
Meine Helden, geliebte, ihr littet schwerer als jener,
Schmachvoll, gemartert, verhöhnt, von keinem Freunde getröstet.
Ihr, die das Leben gabt für des Volkes Freiheit und Ehre,
Nicht erhob sich das Volk, euch Freiheit und Leben zu retten.
Ach, wo seid ihr, daß wir eure Wunden mit Tränen der Reue
Waschen und eure bleichen Stirnen mit Lorbeer krönen!
Weilt ihr jetzt auf der Insel in ferner, seliger Bläue,
Wo die Sirenen des Meers euch mit Gesängen umschwärmen?
Oder droben im reinen, himmlischen Äther? Ihr wandelt
Herrlich wie das Gestirn die melodische Bahn.
Wir aber wollen Male richten euch zum Gedächtnis;
Wo auf Hügeln stürmische Eichen grünen, wo die
Silberne Buche ragt und die rötliche Kiefer am Meere,
Stehe der Marmor und glühe die Flamme der heiligen Namen.
Dort, ihr Glorreichen, wollen wir euer gedenken und schwören,
Tapfer wie ihr zu sein, dem Recht und der Freiheit zu dienen,
Niemals treulos und feige den Gott in der Brust zu verleugnen,
Der uns zu lieben treibt und im Kampf mit dem Bösen zu sterben.
Wir vergessen euch nicht. Oft wird euer tragisches Opfer
Unser Gespräch sein, den Enkeln künftig ehrwürdige Sage.
Über den Trümmern weht die schwarze Fahne der Trauer.
Aber dereinst, wenn eure Male bemoost und verwittert,
Möge Lebendiges neu erwachsen und, wie auch gestaltet,
Unseren heimischen Boden bestreun mit goldenen Früchten.

Lange war nicht eingetreten, was die Dichterin erhoffte, die dann 1946 die Öffentlichkeit aufforderte, zur Kenntnis zu nehmen, dass der menschenverachtende Naziterror der vergangenen Jahre nicht alleine das Bild Deutschlands bestimmte, sondern auch Widerstand gegen das Regime bestanden hatte. Ricarda Huch, die der »Inneren Emigration« zugerechnet werden kann, hatte stets enge Verbindungen zu Widerstandskreisen gepflegt, nicht zuletzt durch die begleitenden Aktivitäten ihres Schwiegersohns Franz Böhm.[17] Sie wird den konservativ liberalen Literaturkreisen zugerechnet, die sich vor allem gegen den Antisemitismus der dem NS-Staat sich angenäherten Kirche gewandt

Ricarda Huch in Jena

hatten. Dies wurde bereits 1933 bei ihrem Austritt aus der Akademie deutlich. Ebenso zu erwähnen die Beziehungen zu Carl Goerdeler oder Helmut Gollwitzer in den Jenenser Jahren, wo sie auch einen intensiven Gesprächskreis kritischer Geister in einer regelmäßig stattfindenden Café-Runde versammelte. Ricarda Huchs grundsätzliche Ablehnung des NS-Regimes hatte eine wichtige Ursache im Antisemitismus, denn »er widersprach ihrer politischen Einstellung«. [18]

In ihrer *Deutschen Geschichte* fasste Ricarda Huch nicht nur die Summe ihrer Erfahrungen als Historikerin zusammen, sie prägte vielmehr abschließend jenes Bild der deutschen Geschichte, das sie als Idealbild ihr ganzes Leben entwickelt und verfochten hat. [19] Mit ihrer Vorstellung des Reiches hat sie sich bereits seit den 1920er Jahren beschäftigt. In ihrer dabei entwickelten Idee von »Reich« und mittelalterlichem Kaisertum sah sie das Symbol der Einheit und Zusammengehörigkeit der deutschen Nation. Diese Einheit schließt jedoch nicht aus, dass sich das Reich in eine Vielzahl unabhängiger Territorien aufteilt. Voraussetzung für das Funktionieren der Einheit in der Vielfalt ist das Verständnis einer durch »Treue« geprägten Unterordnung unter das Kaisertum. Geradezu idealtypisch sieht sie dabei die herausragende Rolle der Städte in ihrer republikanischen Verfasstheit und ihrer Selbstverwaltung als Regierungsgrundlage, die sie aber nicht als Abgrenzung vom Kaisertum verstanden hatte. Mit den politischen

[17] Franz Böhm (1895–1977) war Wirtschaftswissenschaftler und gemeinsam mit Walter Eucken Begründer der sogenannten Freiburger Schule und des Ordoliberalismus. 1926 heiratete er die Tochter von Ricarda Huch, Marietta Ceconi; vgl. Kurt Biedenkopf/Brigitte Kaff: *Franz Böhm. Beiträge zu Leben und Wirken.* Forschungsbericht. (Archiv für Christlich-Demokratische Politik Band 8). Melle 1980; Nils Hansen: *Franz Böhm mit Ricarda Huch: zwei wahre Patrioten.* Düsseldorf 2009; vgl. Frank-Lothar Kroll/Rüdiger von Voss (Hrsg.): *Schriftsteller und Widerstand. Facetten und Probleme der Inneren Emigration.* Göttingen 2012.

[18] Gerhard Ringshausen: *Das widerständige Wort. Christliche Autoren gegen das »Dritte Reich«.* Berlin 2022, S. 145; Claudia Bruns: *Ricarda Huch und die Konservative Revolution,* in: Werkstatt Geschichte 25 (2000), S. 5–33.

[19] Ricarda Huch: *Deutsche Geschichte* Band 1–3. Berlin/Zürich 1934–1949.

Gegebenheiten korrespondierte jene einheitlich–christliche Geisteshaltung, deren Strahlkraft eine das gesamte Volk umfassende geistige und künstlerische Kultur schuf. Vor diesem Hintergrund ihres zweifelsohne idealisierten Mittelalterbildes entwickelte Ricarda Huch ihren in den 1930er Jahren aktuellen Gesellschaftsentwurf, der entscheidend bestimmt wurde durch die Idee der Freiheit, durch Antiimperialismus und uneingeschränkte Toleranz.

In einem großen Vortrag *Deutsche Tradition*, den sie 1931 in Frankfurt hielt, definierte sie pointiert in diesem Sinne ihren Begriff von »Reich«, der konträr der nationalen und völkischen Reichsidee des »Sklavenlandes« – wie sie es bezeichnete – entgegenstand. Gegensatz dieses föderalen »Reichs« war für Ricarda Huch »das Fürstentum« als Inbegriff zentralistisch–autoritärer Herrschaft; er schließt den »neuen Fürstenstand« des kapitalistischen Großbürgertums ausdrücklich ein. Abschließende Forderung war, das jetzt zu erneuernde deutsche Reich solle »kein zentralistischer Großstaat« sein, sondern es habe »als vornehmste Aufgabe das Recht und den Frieden zu wahren und die Macht und den Reichtum [...] in ihren Ausschreitungen zu beschränken.«[20] Damit stellte sich Ricarda Huch gegen jegliche offizielle Geschichtsschreibung der nationalen und völkischen Ideologie, ja sie entlarvte die Reichsideologie der Nationalsozialisten auf subtile Weise.

Ricarda Huch, eine deutsche Patriotin von nationalkonservativer Gesinnung, deren Deutschtum ein weltoffenes, liberales Christentum und die Verteidigung individueller Freiheitsrechte umfasste, diese Haltung hat Anne Marie Koeppen 1935 in ihrer Rezension[21] entschieden angegriffen: »Diese Ricarda Huch hat [...] ein Buch herausgegeben, gegen das sich jeder freiheits– und ehrliebende Deutsche mit leidenschaftlicher Empörung zur Wehr setzen muß.« Über die Schilderung der Juden ereifert sie sich besonders: »Wahrlich, das ›auserwählte Volk‹ kann sich keinen beredteren Anwalt wünschen, als diese Frau es ist. Alle ihre große Kunst bietet sie auf, um diese Vorzüge und edlen Eigenschaften

---

[20] Huch: *Werke* Band 5 (wie Anm. 15), S. 1038f.

[21] Marie Koeppen: *Rezension*, in: *Nationalpolitische Monatshefte* 6 (1935) S. 550 – 552; siehe: *Ricarda Huch 1864–1947*. Ausstellungskatalog, hrsg. Von Jutta Benct und Karin Schmidgall. Marbach a. N. 1994, S. 367 ff. Auch Reinhold Schneider und Golo Mann würdigten das Werk. Vgl. die neue umfassende Studie von Gabriela Jelitto–Piechulik: *Ricarda Huch. Romantik–Literarische Historiographie – Schreiben in der Diktatur.* Leipzig 2022; *Geschichtsgefühl und Gestaltungskraft. Fiktionalisierungsverfahren, Gattungspoetik und Autoreflexion bei Ricarda Huch*, hrsg. von Cord–Friedrich Berghahn/Jörg Pankus/Jan Röhnert. Heidelberg 2016.

Ricarda Huch mit Tochter Marietta,
Enkel Alexander und Schwiegersohn
Franz Böhm in Jena

der Kinder Israels zu schildern [...]« und schließt mit einem aus ihrer Sicht vernichtenden Fazit: »Wir zweifeln nicht daran, daß die Huch für dieses Werk ultra montes höchstes Lob ernten wird. Mag sie dann auch getrost ganz jenseits der Berge bleiben und dort die Blüten ihres Geistes verstreuen. Im Deutschland Adolf Hitlers ist für Magierinnen dieser Art heute kein Platz mehr«. Dennoch glaubten die Nazis an eine kulturpolitische nutzbare Instrumentalisierung der *ersten Frau Deutschlands* (Thomas Mann) und irrten sich gewaltig!

Erster Höhepunkt der Auseinandersetzung mit und ein deutliches Signal des Widerstands von Ricarda Huch gegen den Nationalsozialismus war ihr freiwilliger Austritt aus der Preußischen Akademie der Künste am 9. April 1933, nachdem Heinrich Mann als Vorsitzender und alle jüdischen Mitglieder, ausgeschlossen wurden. Ricarda Huch verweigerte zudem die vom NS-Regime geforderte Loyalitätserklärung, die von Gottfried Benn verfasst worden war. Sie betonte als Motivation deutlich ihre Ablehnung des Antisemitismus und die aktuellen Diskriminierungen der Juden [22]. Mit ihrem Austritt signalisierte sie öffentlich entschieden Opposition zur nationalsozialistischen Regierung und fand mit einem Mut, der sonst nicht selbstverständlich war, deutliche Worte gegen die Judenhetze und Brutalität des Regimes sowie für Pressefreiheit: »Daß ein Deutscher deutsch empfindet, möchte ich fast für selbstverständlich halten; aber was deutsch ist und wie Deutschtum sich bestätigen soll, darüber gibt es verschiedene Meinungen. Was die jetzige Regierung als nationale Gesinnung vorschreibt, ist nicht mein Deutschtum. Die Zentralisierung, den Zwang, die brutalen Methoden, die Diffamierung Andersdenkender, das prahlerische Selbstlob halte ich für undeutsch und unheilvoll«. [23] Eine loyale Mitarbeit an

---

22 Klaus Schöffling: *Ricarda Huch. Briefwechsel mit der Preußischen Akademie der Künste [1933]*, in: *Dort wo man Bücher verbrennt. Stimmen der Betroffenen*, hrsg. von Klaus Schöffling. Frankfurt a. M. 1983, S. 191–197; Eva-Maria Gehler: *Weibliche NS-Affinitäten. Grade der Systemaffinität im »Dritten Reich«*. Würzburg 2010, S. 240.

23 Bendt: *Katalog 1994* (wie Anm. 21), S. 327ff.

der Akademie im Sinne der veränderten geschichtlichen Lage und deren ideo-
logischem Niederschlag in der Akademiesatzung stellte sie ebenso wagemutig
fest, bedeutete nichts anderes als »eine Übereinstimmung mit dem Programm
der Regierung« und diese Übereinstimmung war bei ihr auf keinen Fall vor-
handen. [24]

Mit ihren Prinzipien von Weltneugier, Humanität und Freiheit, Toleranz
und Antiimperialismus trat Ricarda Huch in Widerspruch zur offiziellen
Geschichtsauffassung der NS–Diktatur, deren Schrecken sie schließlich in
ihrer eigenen Familie erleben und ertragen musste. Seit 1927 lebte sie im Haus
ihres Schwiegersohns Franz Böhm in Berlin, dann in Heidelberg, später in
Freiburg im Breisgau und schließlich seit 1936 in Jena. Ricarda Huch hatte
stets klar Position gegen das nationalsozialistische Regime bezogen, mußte
Rückschläge und Demütigungen hinnehmen, blieb aber unbeugsam und hat
selbst mit ihrem Ideal des *Deutschen Reiches* im Mittelalter deutlich gemacht,
was sie von dem *Reich der Gegenwart* hielt. Das aus ihrer Sicht einzige deutsche
»Reich«, das diesen Namen wirklich verdiente, zeigte sie in ihrem letzten
großen Werk [*Gedenkbuch*] auf, das sie den Märtyrern des Widerstands wid-
mete. Es ist diese Gemeinschaft der Verfolgten und Ermordeten: Allein ihr
Opfertod kann diese Idee bewahren – und diese wollte sie niemals aufgeben.
Dabei bewies sie eine bemerkenswerte (wage–)mutige Offenheit. Ende 1943,
als die Denunziation und Verfolgungen neue Höhepunkte erreichten, bastelte
sie für ihren Enkel Alexander einen Kalender auf das Jahr 1944. Es war schon
für sich genommen erstaunlich, dass sie darin für den Monat April ein Foto
einklebte, das Hitler in Herrscherpose vor einem heroischen faschistischen
Gemälde zeigt. Im Frühling 1944, so die Bildaussage, wird es keinen Frühling
geben, sondern die Fortdauer von Selbstüberschätzung und Krieg. Geradezu
unglaublich allerdings der Bildtext, den Ricarda Huch handschriftlich zufügt:
»Es ist zu verwundern, daß manche Menschen nicht im Gefühl ihrer Nichts-
würdigkeit augenblicklich verwesen. Schiller.«

Ebenso mutig und offen war sie in ihrem Brief vom 4.11.1941 an Clemens
August von Galen. Dieser hielt am 3. August 1941 eine Predigt zum Thema
Euthanasie, die er als Mord anprangerte. Erneut hat sie keine Vorsicht walten
lassen, um zu dieser Kritik zustimmend Stellung zu nehmen: »Hochwürden,
wenn ich, Ihnen fremd, Ihre Aufmerksamkeit für einen Augenblick in Anspruch

---

[24] Ebd.

nehme, so tue ich es, um Ihnen Dank und Verehrung auszusprechen. Erfahren zu müssen, daß unserm Volk das Rechtsgefühl zu fehlen scheint, war wohl das Bitterste, was die letzten Jahre uns gebracht haben. Die dadurch verdüsterte Stimmung erhellte sich, als Sie, hochverehrter Herr Bischof, dem triumphierenden Unrecht sich entgegenstellten, öffentlich, und für die Verunrechteten eintraten. Das Bewußtsein, den Forderungen des Gewissens genuggetan zu haben, ist mehr wert als Beifall der Menschen; nicht um sie zu stärken, schreibe ich Ihnen, sondern weil ich annehme, es sei Ihnen erfreulich zu wissen, daß es viele gibt, die sich Ihnen von ganzem Herzen verbunden fühlen. Ich bitte Sie, mich als die Stimme der vielen zu betrachten, die Ihnen ergeben sind.«[25]

Am 18. Juli 1944 hatte Ricarda Huch ihren 80. Geburtstag begangen und »trotz allem wieder rauschend gefeiert – ich glaube, es ist wie in Pestzeiten – am Rande des Abgrundes sind die Feste am lautesten« schreibt sie am 26. Juli 1944 an August Grisebach.[26] Zwei Tage nach dem Geburtstag finden die Ereignisse vom 20. Juli und die brutalen Folgen statt, denen sie wenig später ihr Gedicht *An unsere Märtyrer* widmet. Dabei muss sie geahnt haben, dass diese Opfer der Diktatur nicht nur die Rache und Sippenhaft des NS-Regimes erleiden und ertragen müssen, sondern auch als »Landesverräter« Verachtung und Vergessen der Mehrheit der Deutschen erfahren würden. Sie wertete in ihrem Gedicht das Handeln der Attentäter als Tat für »des Volkes Freiheit und Ehre«, eine Haltung zur Würdigung der »Helden«. Deren Ziel waren »Recht« und »Freiheit«, ein Zeichen im Unrechtsstaat für das *andere Deutschland,* eine Wertung, wie sie nach Kriegsende auch prominent Reinhold Schneider[27] und Theodor Heuss[28] vertreten haben.

Schon früh griff Ricarda Huch eine Problematik um das Erinnern an den 20. Juli 1944 auf, die sich noch lange durch Deutschlands Nachkriegszeit in der Bundesrepublik ziehen sollte, wobei Huchs Einstehen für die Attentäter und den Widerstand zu diesem Zeitpunkt noch keinesfalls selbstverständlich war. Aus ihren eigenen Erfahrungen mit dem NS-Regime einschließlich des brisanten Verfahrens wegen Vergehens gegen das Heimtückegesetz gegen Ricarda Huch und ihren Schwiegersohn Franz Böhm[29] konnte sie die Reak-

---

[25] Ricarda Huch: *Briefe an die Freunde,* hrsg. von Marie Baum. Zürich 1986, S. 347.
[26] Huch: *Briefe* (wie Anm. 25), S. 394.
[27] Vgl. Beitrag von Angela Klein in diesem Band.
[28] Theodor Heuss: *Politiker und Publizist. Aufsätze und Reden.* Tübingen 1984, S. 302ff., S. 430ff.
[29] Vgl. Hansen: *Franz Böhm und Ricarda Huch* (wie Anm. 17), S. 102ff.

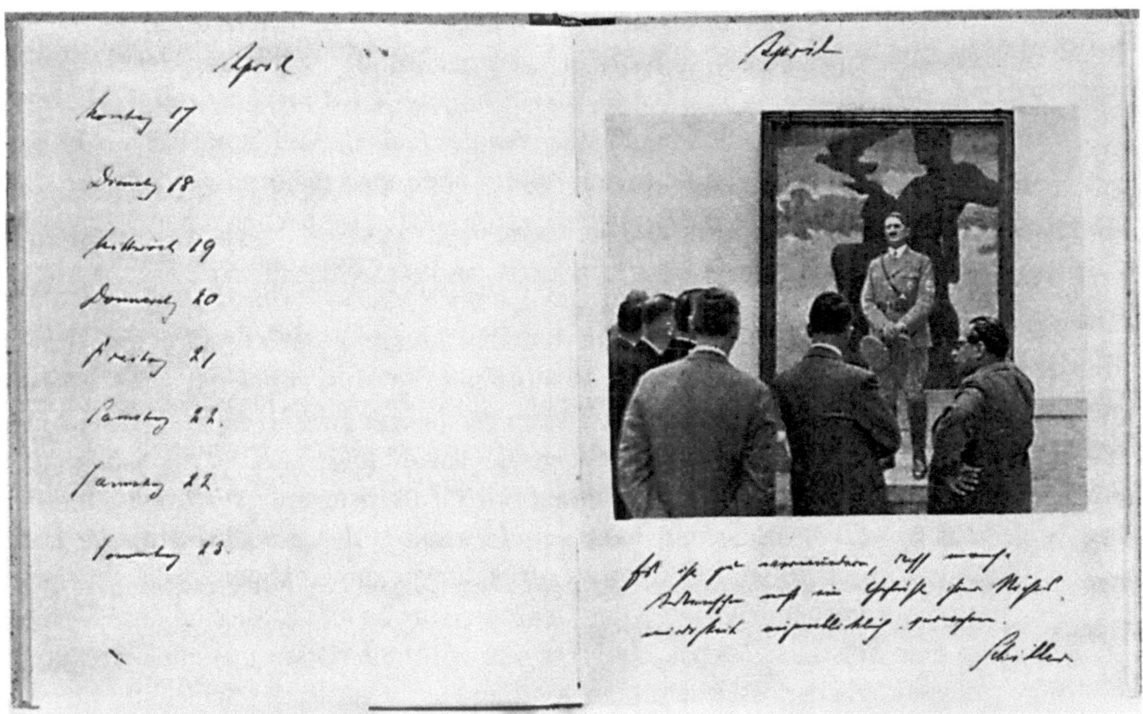

Kalender auf den April 1944 für Enkel Alexander

tion der Staatsmacht einschätzen, aber sie blieb ihrer Haltung gegen die
Nationalsozialisten ebenso treu, wie sie mit Mut sich öffentlich zu den Atten-
tätern und deren Familien bekannte und als aktive Vertreterin des *anderen
Deutschland* die Würdigung und Erinnerung an die Gegner des NS–Regimes
aktiv einforderte. So schrieb sie am 5. April 1946 an den Literarhistoriker Emil
Henk, der auch dem *Kreisauer Kreis* nahestand, von ihrem großen Projekt:
»Sehr geehrter Herr Henk, haben Sie Dank für die Übersendung Ihrer
Broschüre vom 20. Juli [Die Tragödie des 20. Juli, Heidelberg 1946]. Ich habe
sie mit großer Bewegung gelesen. Mir waren die Ereignisse hauptsächlich
durch die Gruppe um Goerdeler bekannt, durch Sie wurde mein Bild vervoll-
ständigt. Ihre Darstellung ist so klar, nach allen Seiten durchdacht, der Gang
der verschlungenen Fäden wird so deutlich, daß das Ganze hinreißend wirkt.
Was ich mir vorgenommen habe ist, dem deutschen Volke ein Gedenkbuch zu
schaffen, in dem es das Große und Gute findet, was es in der dunkelsten Zeit
seiner Geschichte besaß. Sie können mir gewiß dabei helfen. Es ist eine Arbeit,

die viel Zeit verlangt.«[30] Schon kurz nach dem Attentat hatte sie begonnen, Quellen zu sammeln. Enttäuscht, dass nach Kriegsende kaum der Opfer des 20. Juli gedacht wurde, verfasste sie Anfang Mai 1946 einen Aufruf für die Presse mit dem Titel *Für die Märtyrer der Freiheit*, der zunächst nur in den *Hessischen Nachrichten* erschien, später aber auch ein breiteres Echo fand.[31] Darin begründet sie ihr Anliegen, warum sie den Deutschen einen Schatz vermachen wolle, »der es mitten im Elend noch reich macht«: »Aus unserer Mitte sind böse, brutale und gewissenlose Menschen hervorgegangen, die Deutschland entehrt und Deutschlands Untergang herbeigeführt haben. Sie beherrschten das deutsche Volk mit einem so klug gesicherten Schreckensregiment, daß nur Heldenmütige den Versuch, es zu stürzen, wagen konnten. So tapfere Menschen gab es eine große Anzahl unter uns. Es war ihnen nicht beschieden, Deutschland zu retten; nur für Deutschland sterben durften sie; das Glück war nicht mit ihnen, sondern mit Hitler. Sie sind dennoch nicht umsonst gestorben. Wie wir der Luft bedürfen, um zu atmen, des Lichtes, um zu sehen, so bedürfen wir edler Menschen, um zu leben. Sie sind das Element, in dem der Geist wächst, das Herz rein wird. Sie reißen uns aus dem Sumpf des Alltäglichen; sie entzünden uns zum Kampf gegen das Schlechte; sie nähren in uns den Glauben an das Göttliche im Menschen: Wenn wir derer gedenken, die im Kampf gegen den Nationalsozialismus ihr Leben gelassen haben, so erfüllen wir eine Pflicht der Dankbarkeit; zugleich aber tun wir uns selbst wohl; denn indem wir ihrer gedenken, erheben wir uns über unser Unglück.

Die durch die Nationalsozialisten bewirkte künstliche Vereinzelung der Deutschen ist Ursache, daß nicht allen alle unsere Märtyrer bekannt sind und daß von denen, die man kennt, nicht viel mehr als der Name bekannt ist. Ich habe es mir zur Aufgabe gemacht, Lebensbilder dieser für uns Gestorbenen aufzuzeichnen und in einem Gedenkbuch zu sammeln, damit das deutsche Volk daran einen Schatz besitze, der es mitten im Elend noch reich macht. Dazu bedarf ich der Hilfe vieler, an die ich mich bittend hier wende. Zunächst geht mein Ersuchen an die Angehörigen und Freunde der Hingerichteten, daß sie mich mit Mitteilungen über sie versehen, möglichst mit Äußerungen von ihnen selbst, Briefen und Tagebüchern, aber auch Schilderungen, kurz mit allen Nachrichten, die zur Schaffung eines Lebensbildes dienen können. Es gibt aber außer Angehörigen und nahen Freunden vielleicht Menschen, die

---

[30] Huch: *Briefe* (wie Anm. 25), S. 457f.
[31] Bendt: *Katalog 1994* (wie Anm. 21), S. 397.

mit den Verstorbenen in Berührung kamen und etwas von ihnen zu erzählen wissen, einen Eindruck von ihnen empfingen; auch diesen bin ich für jede Nachricht dankbar. Ganz besonders bitte ich um Bilder, sie sollen den biographischen Skizzen beigefügt werden. Ich versichere, daß alles, was an mich gelangt, mit der Liebe und Ehrfurcht aufgenommen und verwahrt wird, die ich für diese unsere Toten empfinde.«[32]

Fand Ricarda Huch viel Zustimmung und Unterstützung, so gab es aber auch beachtliche Anfeindungen, die das Problem der Nachwirkungen nationalsozialistischer Ideen ebenso bestätigten, wie die Schwierigkeiten, eine wertebezogene Erinnerungskultur für die Widerständler und Attentäter des 20. Juli zu fundieren. So schrieb ein Anonymer aus Ingolstadt am 16. Juli 1946 an Ricarda Huch: »Frau Ricarda Huch! Sie sind Deutsche? Der Gesinnung nach nicht! Sie wollen Mörder verherrlichen, Helden in den Schmutz ziehen. Mord ist Mord, gleichgültig, ob an Feind oder Freund begangen, und gehört gesühnt. Das gemeinste Verbrechen aber ist Hoch– und Landesverrat! [...] Es kommt auch für Deutschland wieder eine andere Zeit. Aber dann wehe euch. Es wird eine zweite Bartholomäusnacht werden. Ihr seid alle gemerkt. Nicht Vergeltung, sondern Rache, Rache, blutige Rache ist unsere Losung.«[33] Weitere Briefe mit Drohungen folgten: Sie solle schnellstmöglich das Vaterland verlassen, sie solle sich gewarnt fühlen, sonst sei es zu spät, sie habe kein Recht auf deutschem Boden zu leben und antinationale Gesänge anzustimmen.

Sie aber ließ sich nicht beirren, sie stand hinter den Widerständlern, von denen es, wie sie selbst in ihrem Aufruf schrieb, eine große Anzahl gab. Es gab auch viele positive Reaktionen, vor allem aus den Familien der Opfer. Ein Beispiel mag genügen: Am 7. Juni 1946 schrieb aus Stuttgart Freya von Moltke an Ricarda Huch[34]:

»Liebe, sehr verehrte Frau Huch, mit großer Freude und Dankbarkeit las ich ihren Aufruf. Ich bin glücklich, Erinnerungen und Dokumente über meinen Mann, Graf Helmuth James von Moltke, in ihre Hände legen zu dürfen. Ich tue es nicht nur ohne Rückhalt, sondern mit einem Gefühl der

<hr>

32 Huch: *Werke* Band 5 (wie Anm. 15), S. 965; Wolfgang Matthias Schwiedrzik: *Ricarda Huch. In einem Gedenkbuch zu sammeln… Bilder deutscher Widerstandskämpfer*. 2. Auflage Leipzig 1998; ders: Ricarda Huch: *Das Vermächtnis*. [EDITION MNEMOSYNE], Neckargemünd & Wien 2017.
33 Vgl. Schwiedrzik: *Gedenkbuch* (wie Anm. 32), S. 7.
34 Ebd., S. 202.

Erleichterung und der Sicherheit, daß das nun das Richtige ist. Es wird noch manches über diese Männer gesagt und geschrieben werden, und wenn es nicht immer so ist, wie es sein sollte und auch gerecht wäre, so berührt mich das nicht wirklich, aber sie sind ja nicht für sich alleine in den Tod gegangen, es gibt da ein Erbe zu verwalten, was gut verwaltet werden will. Daß gerade Sie zu seiner Pflege beitragen wollen, bedeutet für mich eine Beglückung.«

Stauffenberg und andere Widerstandskämpfer hatten im Geheimen gewirkt und mussten »in die Uniform des Feindes schlüpfen«, um das Ende von Hitlers NS-Herrschaft vorzubereiten. [35] Huch wollte diesen Menschen ein *Gedenkbuch* widmen, doch aufgrund ihres Alters fiel ihr dies mittlerweile schwer. Sie übergab daher ihr Material an Günther Weisenborn. Das Buch erschien im Jahr 1953 unter dem Titel *Der lautlose Aufstand. Bericht über die Widerstandsbewegung des deutschen Volkes 1933–1945. Nach dem Material von Ricarda Huch. Mit einer Einleitung von Martin Niemöller. Herausgegeben von Günther Weisenborn.* [36] In der Einführung berichtet Weisenborn von dem 1. Deutschen Schriftstellerkongress in Berlin [37], bei dem Ricarda Huch Ehrenpräsidentin war und ihn einlud:

»Als sie mich zum Tee in ihr Hotel einlud, ahnte ich nicht, welche Bedeutung diese Stunde für mich haben würde. Sie berichtete, daß auf ihren Aufruf zahlreiche Briefe und Berichte eingegangen seien. Sie hatte sie bearbeitet und auf einige Aktenbände verteilt und ließ sie von ihrer Mitarbeiterin herbeiholen. Dabei sagte sie mir, daß sie mit 83 Jahren von der Fülle und der Gewalt des Materials so überwältigt sei, daß sie sich außerstande fühle, die Arbeit fortzusetzen. Sie richtete die Frage an mich, ob ich bereit sei, das Material mit dem meinen zu vereinen, um so ein geschlossenes und einheitliches Werk herausbringen zu können. Sie war durch das pulsierende Papier, das Schicksale enthielt, Tod und Hoffnung, durch die Berichte aus der Hölle zutiefst erschüttert. Ich dankte ihr, nahm das Material mit aller Ehrfurcht an mich und verpflichtete mich, es der Öffentlichkeit zu überliefern.« [38]

---

[35] Ebd., S. 8.
[36] Hamburg 1953.
[37] *Erster Deutscher Schriftstellerkongreß.* 4.–8. Oktober 1947, hrsg. von Ursula Reinhold/Dieter Schlenstedt/Horst Tanneberger. Berlin 1997.
[38] Weisenborn: *Aufstand* (wie Anm. 36), S. 18.

Weisenborn dankte in der Einführung Ricarda Huch und denjenigen, die ihrem Aufruf gefolgt waren, und diese Quellensammlung möglich gemacht hatten sowie zahlreichen Unterstützern in der langen Zeit der Fertigstellung, darunter namentlich auch dem Braunschweiger Generalstaatsanwalt, Dr. Fritz Bauer, der eine große Rolle bei der zweiten Phase der Würdigung des 20. Juli 1944 und der Widerständler spielte, und zwar mit dem Braunschweiger Remer–Prozess von 1952.

Ricarda Huch aber verstarb noch im Jahr 1947 im Alter von 83 Jahren an den Folgen einer Lungenentzündung. Das Ziel ihres öffentlichen Aufrufs, *Für die Märtyrer der Freiheit* im Mai 1946 dem deutschen Volk ein *Gedenkbuch* zu erstellen und so an den 20. Juli 1944 und den deutschen Widerstand sowie dessen Opfer zu erinnern, war ein äußerst wichtiger Schritt für das Nicht–Verdrängen und Nicht–Vergessen des Widerstands der Deutschen nach der NS–Zeit, den Huch angestoßen hatte. Das Buch zu den

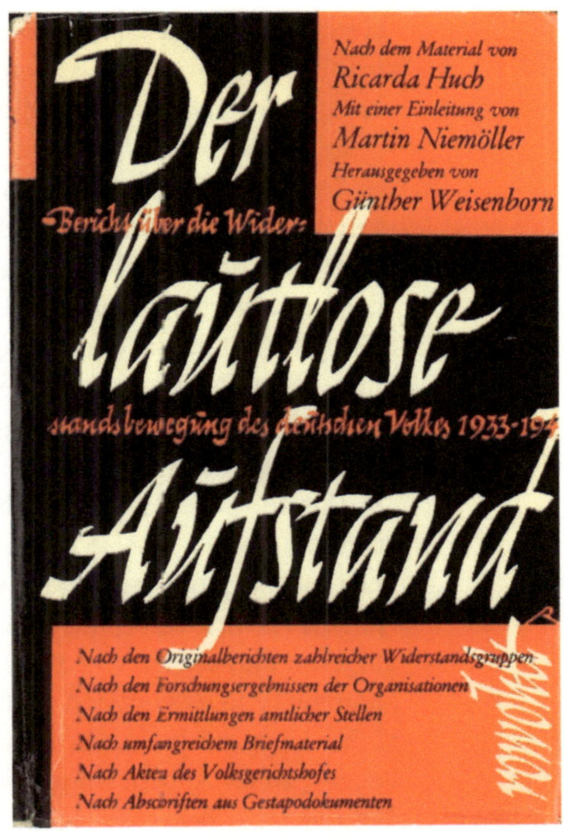

Umschlaggestaltung der ersten Auflage des Gedenkbuches

Opfern konnte erst 1953 erscheinen, zu umfangreich war das Material, zu groß die Arbeit daran für die 83–jährige *erste Frau Deutschlands*. Ihre Ideen zur Frage des Widerstands und der Schuld der Deutschen vermittelte Ricarda Huch in zahlreichen Stellungnahmen in der Tagespresse, etwa in der *Täglichen Rundschau* in Berlin. Beispielhaft die *Neujahrsbetrachtung* für die Deutschen, die bereits am 1. Januar 1946 erschien. [39] Darin machte Ricarda Huch deutlich, dass gegenwärtig die Folgen der aufgehäuften Schuld erlitten würden und die Gefahr bestehe, »über unseren Leiden unsere Schuld zu vergessen«. Zu dieser Schuld müssen die Deutschen stehen, denn »wir haben Menschen zur Regierung kommen lassen, denen wir mißtrauen mußten. Wir sahen bald Gewalt-

---

[39] Huch: *Werke* Band 5 (wie Anm. 15), S. 946–948.

taten geschehen, die uns Grauen einflößen mußten. Viele unter uns entsetzten sich über diese Untaten, und manche versuchten, im stillen zu helfen, ungeachtet der Gefahr, die sie dadurch liefen«.

Sie betonte, auch wenn es Deutsche gegeben habe, die über die Untaten der Regierenden entsetzt waren oder das Regime der Nazis unter Lebensgefahr aktiv bekämpft haben, so mache das »die Verbrechen, die geschahen, nicht ungeschehen«. Menschen, wie etwa die Widerstandskämpfer des 20. Juli 1944 »haben dadurch die Ehre des deutschen Volkes gewahrt, es aber nicht von der Schuld befreit, in die die begangenen Verbrechen es verstrickten«. Diese Neujahrsbotschaft war die Aufforderung von Ricarda Huch an die Deutschen, sich der furchtbaren Taten schuldig zu bekennen, »die mit Höllenfeuer in die Geschichte eingebrannt sind«. Sie führte weiter aus:

»Das deutsche Volk hat erlebt, wie fremde Völker versklavt wurden, es hat gesehen, wie die verelendeten, verhungerten Gestalten vorbeigetrieben wurden, hat sich schaudernd abgewandt und versucht, den Anblick zu vergessen. Nun die furchtbaren Folgen unerhörten Frevels da sind, nun der Abgrund sich aufgetan hat, dürfen wir die Logik der Tatsachen nicht übersehen. Es ist gekommen, wie es kommen mußte. Wir müssen hindurch. Die Zukunft eines Volkes kann nur in der Verantwortung jedes Einzelnen für Recht und Freiheit liegen«, so ihr Appell. Diese Verantwortung ist von jedem Bürger zu fordern, denn er muss begreifen, »daß ein Volk sich nicht als ein Haufen von Privatleuten abseits von der Regierung stellen und sie schalten lassen kann, ohne sich dafür verantwortlich zu fühlen«.

Ricarda Huch beendete ihren Neujahrsgruß 1946 mit der Frage nach der Opferrolle der Deutschen, und diese Antwort hat auch im Hinblick auf die aktuellen Veränderungen der Sichtweisen bedrückende Aktualität: »Betrachten wir uns nicht als Opfer, sondern als solche, die mit der Hölle im Bunde waren und wunderbar gerettet sind«. Hier nahm sie bereits in kluger Beurteilung eine Diskussion vorweg, die in Deutschland durch die bewusste Verdrängung der Zeitgeschichte in den Nachkriegsjahrzehnten erst in den 1970er Jahren einsetzen sollte.

»Nein, eine Grenze hat Tyrannenmacht« [40]

»Ein Unrechtsstaat, der täglich Zehntausende Morde begeht, berechtigt jedermann zur Notwehr [...]. Jedermann war berechtigt, den bedrohten Juden oder den bedrohten Intelligenzschichten des Auslandes Nothilfe zu gewähren«.[41] Dies waren Aussagen, die im Jahr 1952 die deutsche Öffentlichkeit nicht gerne hörte, zu deutlich waren die Worte, die aber in der internationalen Presse großes Echo fanden. Ausgesprochen hatte die unbequemen Wahrheiten der damalige Braunschweiger Generalstaatsanwalt Dr. Fritz Bauer im sogenannten »Remer–Prozess« im Landgericht Braunschweig. [42] Fritz Bauer zählte bekanntlich zu den fördernden und beratenden *Unterstützern des Gedenkbuches Bilder deutscher Widerstandskämpfer*, von Ricarda Huch 1946 initiiert und von Günther Weisenborn 1953 realisiert. Bauer hatte sich die Verfolgung der Nazi–Verbrecher zur Lebensaufgabe gemacht und war damit publizistisch im schwedisch–dänischen Exil aktiv. [43] Erst 1949, nach Verabschiedung des Grundgesetzes, das den Rechtsstaat sanktionierte und die Menschenrechte zur staatlichen Rechtsgrundlage machte, kehrte er zurück. Dabei war es ihm wichtig, dass die politische Haltung des Widerstands aus seiner Sicht die zukünftige »Basis für die Realisierung einer postdiktatorischen demokratischen Gesellschaftsordnung in Deutschland« schuf. Diese Einstellung macht seine Stellungnahme nach der Rückkehr nach Deutschland im April 1949 deutlich: »Ich bin zurückgekehrt, weil ich glaube, etwas von dem Optimismus und der Gläubigkeit der jungen Demokraten in der Weimarer Republik, etwas vom Widerstandsgeist und Widerstandswillen der Emigration im Kampf gegen staatliches

---

[40] Friedrich Schiller: *Wilhelm Tell II.2*, in: ders. Werke in drei Bänden. Band II. München 1966, S. 512.

[41] Zitat nach Gerd Biegel: *Der Prozess um den 20. Juli 1944*. Ausstellungsbegleitendes Informationsmaterial zur Ausstellung im Kammergericht Berlin. Braunschweig 2013, hier: Schluss–Plädoyer Bauer, S. 23ff.

[42] Die Ausstellung *Der Prozess um den 20. Juli. Das Braunschweiger Verfahren gegen Otto Ernst Remer 1952* fand vom 16. Juli bis 28. September 2012 im Landgericht Braunschweig statt. Veranstalter waren in Kooperation das Institut für Braunschweigische Regionalgeschichte und Geschichtsvermittlung der TU Braunschweig und die Generalstaatsanwaltschaft Braunschweig. Kuratorin war Dr. Claudia Fröhlich, Leibniz–Universität Hannover. Weitere Ausstellungsorte waren Hamburg, Karlsruhe, Berlin, Düsseldorf, Stade, Schleswig und Oldenburg.

[43] Fritz Bauer: *Die Kriegsverbrecher vor Gericht*. Zürich/New York 1945; vgl. Claudia Fröhlich: *»Wider die Tabuisierung des Ungehorsams«. Fritz Bauers Widerstandsbegriff und die Aufarbeitung von NS–Verbrechen*. Frankfurt a. M. 2006; Irmtrud Wojak: *Fritz Bauer 1903–1968. Eine Biographie*. 2. Auflage München 2009; Ansgar Klein/Ilona Ziok (Hrsg.): *Fritz Bauer. Menschenrechte als Herausforderung von Rechtspraxis und Rechtspolitik* (BUXUS–Edition). Bochum 2024.

Unrecht mitbringen zu können. [...] Als das Grundgesetz geschaffen wurde, das den Rechtsstaat, die Freiheit und Gleichheit aller Menschen sanktionierte, fuhr ich nach Deutschland zurück. Schon einmal war die Demokratie zu Grunde gegangen, weil sie keine Demokraten besaß. Ich wollte einer sein.«[44] Eine vorbildliche Aktualität im Jahr 2024!

Bauer bewarb sich, vermutlich angeregt durch seine Braunschweiger Freunde, in Niedersachsen auf die noch zu besetzende Stelle des Strafsenatspräsidenten beim Oberlandesgericht Braunschweig, die sich jedoch dessen Präsident Bruno Heusinger selbst vorbehalten hatte. Daraufhin bemühte sich Bauer nach Aufforderung des niedersächsischen Ministerpräsidenten Hinrich–Wilhelm Kopf und Heusingers um den seit dem Weggang von Curt Staff vakanten Posten des Generalstaatsanwalts in Braunschweig. Das Justizministerium hatte jedoch zunächst Bedenken bezüglich seiner Person und Fähigkeiten. Daher wurde ihm angeboten, die Stelle des Landgerichtsdirektors zu übernehmen, um sich in die Arbeit in der Nachkriegsjustiz einarbeiten zu können. Gleichzeitig wurde ihm geraten, die Bewerbung für die Stelle des Generalstaatsanwalts bestehen zu lassen, die zwischenzeitlich vom stark NS–belasteten Celler Generalstaatsanwalt Rudolf Biermann kommissarisch wahrgenommen wurde. Es war dies eine für die Zeit typische Erscheinung, da nach dem sog. 131er–Gesetz minder belastete Alt-Nazis und auch belastete Juristen der NS–Zeit weitgehend unter besten finanziellen Voraussetzungen wieder in ihre Ämter zurückkehren konnten.

Die Phase des Vergessens durch Verdrängen hatte in der Erinnerungskultur der jungen Bundesrepublik eingesetzt. Ein eigenartiges Entnazifizierungsverfahren (!) Bauers in Niedersachsen konnte schließlich beschleunigt und mit einem Urteil zu seinen Gunsten abgeschlossen werden. Darauf folgte am 12. April 1949 die Ernennung zum Landgerichtsdirektor in Braunschweig. In der planmäßigen Nachfolge des ersten Braunschweiger Generalstaatsanwalts nach der NS–Zeit, Curt Staff, der zu Unrecht inzwischen in Vergessenheit geraten ist, wurde Fritz Bauer schließlich am 1. August 1950 zum Generalstaatsanwalt am Oberlandesgericht in Braunschweig ernannt. Es war dies keine leichte Aufgabe für ihn, der sich die Aufklärung und Anklage krimineller Verstrickungen in die nationalsozialistischen Verbrechen zur Lebensaufgabe gemacht hatte. Die Justiz selbst war zu diesem Zeitpunkt noch zu großen

---

[44] Zitat nach Fröhlich: *Tabuisierung* (wie Anm. 43), S. 11.

Teilen mit nationalsozialistisch belasteten Vertretern durchsetzt, die Alliierten und die Politik zunehmend weniger interessiert, und einem politisch aktiven Juristen wie Bauer stand man in der eigenen Zunft eher distanziert und misstrauisch gegenüber.

Höhepunkt der Braunschweiger Amtszeit Fritz Bauers wurde der Remer-Prozess im März 1952. Zur Vorgeschichte dieses Prozesses gehört die Tatsache, dass bei den niedersächsischen Landtagswahlen vom 6. Mai 1951 die neonazistische Sozialistische Reichspartei (SRP) [45], die 1949 von führenden Alt-Nazis gegründet worden war, rund 11 Prozent der Stimmen erreichte und mit 16 Abgeordneten in den Landtag in Hannover einzog. Ein halbes Jahr später gelangten in Bremen (einer weiteren Hochburg) acht SRP-Abgeordnete in die Bürgerschaft. Zu diesem Zeitpunkt erlebte die Partei einen regelrechten Boom. Norddeutschland, vor allem Niedersachsen und Bremen, waren das Zentrum der neonazistischen Partei, was nicht nur an den Wahlerfolgen abzulesen war. Von den insgesamt ca. 11.200 Mitgliedern der SRP stammten mehr als die Hälfte (ca. 6.800) aus den beiden norddeutschen Ländern. Der Wortführer und Chefideologe der Partei, Otto Ernst Remer, sprach daher lautstark vom Kristallisationskern eines zukünftigen gesamtdeutschen Reiches. Remer selbst lebte in Niedersachsen. Er fand hier eine zeittypische naiv-nostalgische Erinnerungsduselei in der Bevölkerung vor, denn unzählige Vertriebene, Flüchtlinge und Arbeitslose waren nach dem Krieg nach Niedersachsen geströmt, viele davon verbitterte Alt-Nazis. Diese allgemeine Grundstimmung in Niedersachsen nach Kriegsende 1945 bestätigte sich z. B. bei den Kommunalwahlen 1948 in Wolfsburg. Die rechtsextreme nazistische Deutsche Reichspartei erhielt damals 64,3 Prozent der Stimmen, weitaus mehr sogar als die SPD. Für die SRP war die Situation in Niedersachsen insgesamt ein Glücksfall: In Verden an der Aller stellte die Remer-Truppe sogar die stärkste Fraktion, nachdem sie sensationelle 27,7 Prozent der Stimmen erhalten hatte. Bereits zwischen 1950 und 1952 war die SRP auch für eineinhalb Jahre im Bundestag durch Franz Richter und Fritz Dorls vertreten, die von anderen Parteien zur SRP übergetreten waren. [46]

---

[45] Vgl. Henning Hansen: *Die Sozialistische Reichspartei (SRP). Aufstieg und Scheitern einer rechtsextremen Partei.* Düsseldorf 2007; Martin Will: *Ephorale Verfassung. Das Parteiverbot der rechtsextremen SRP von 1952. Thomas Dehlers Rosenburg und die Konstituierung der Bundesrepublik Deutschland.* Tübingen 2017.

[46] Ebd., S. 162 ff.

Im Vorfeld der Landtagswahl von 1951 in Niedersachsen hatte einer der offensivsten Vertreter neonazistischer Ideologie, Otto Ernst Remer, bei einer Wahlkampfveranstaltung im Braunschweiger Schützenhaus die Widerstandskämpfer vom 20. Juli 1944 aufs übelste diskriminiert und beleidigt. Major Otto Ernst Remer war am 20. Juli 1944 als Kommandeur des Berliner Wachbataillons *Großdeutschland* auf direkte Anweisung Hitlers maßgeblich an der Niederschlagung des Aufstands im Gefolge des Attentatsversuchs beteiligt. Remers Bataillon besetzte zunächst die Zentrale des Widerstands, das Dienstgebäude des Oberkommandos des Heeres im Bendlerblock. Die Widerständler, hochrangige Angehörige der Wehrmacht, Claus Schenk Graf von Stauffenberg, sein Adjutant Werner von Haeften, Albrecht Ritter Mertz von Quirnheim und Friedrich Olbricht wurden als Anführer noch in derselben Nacht im Hof des Bendlerblocks erschossen, Ludwig Beck zur Selbsttötung gezwungen. Bei der erwähnten Wahlkampfveranstaltung hatte nun Remer die Männer des 20. Juli pauschal u.a. als vom Ausland bezahlte Hoch– und Landesverräter beschimpft.

Bundesinnenminister Dr. h.c. Robert Lehr, Mitglied des Widerstands und aktiver Gegner der Nationalsozialisten sowie Vertreter eines aktuellen Parteiverbots der SRP, stellte wegen Verleumdung der Widerstandskämpfer im Juni 1951 Strafantrag beim Landgericht Braunschweig, da er sich als Mitglied des Widerstandskreises um Goerdeler von den hasserfüllten Verleumdungen Remers persönlich beleidigt fühlte. Zunächst hatte der zuständige Braunschweiger Oberstaatsanwalt Dr. Erich Günther Topf die Eröffnung eines Verfahrens abgelehnt und vordergründig die Antragsberechtigung Lehrs in Frage gestellt. Die Anwälte Remers zweifelten in ersten Stellungnahmen ebenfalls die Zugehörigkeit Lehrs zum Widerstand an. Auch Topf war einer der Juristen, die in der nahtlosen Kontinuität zwischen NS–Amt und Nachkriegstätigkeit im Justizdienst standen. Schließlich hatte Fritz Bauer gegen amtsinterne Widerstände die Eröffnung des Prozesses angewiesen. Er ließ Remer nach §186 StGB wegen übler Nachrede anklagen und übernahm kurze Zeit später persönlich das Verfahren. Eigentliches Ziel für Bauer war es, bei dem vor dem Landgericht stattfindenden Prozess die »Rehabilitierung der Widerstandskämpfer« zu erreichen und »sonst nichts!« [47], wie er mehrfach öffentlich erklärte. Bauer machte damit die Legalität und Legitimität des Widerstands gegen den Unrechtsstaat zum Gegenstand des Strafverfahrens und initiierte einen »Prozeß um den 20. Juli«. [48]

---

[47] Wojak: *Bauer* (wie Anm. 43), S. 267.
[48] Fröhlich: *Tabuisierung* (wie Anm. 43), S. 12.

Remer–Prozess am 7., 8., 10. und 11. März

Schon vor der Eröffnung der Hauptverhandlung am 7. März 1952 hatte Fritz
Bauer gegenüber der Presse erklärt, der Fall Remer sei für die Staatsanwaltschaft ein »Anlaß, die Geschichte und Problematik des 20. Juli 1944 zu klären.«[49] Vor dem Hintergrund der damaligen weitreichenden Delegitimierung
von Widerstand initiierte Bauer einen Prozess um »das Andenken der Männer
und Frauen, die für die Erhaltung der Menschenrechte in den Tod gegangen
waren, zu retten und das Widerstandsrecht, das in das ›Raritätenkabinett‹ der
Rechtsgeschichte verbannt worden war, erneut zu sanktionieren«.[50] Es war
ganz im Sinne Bauers, wenn nicht sogar eine geschickt inszenierte Zielsetzung,
dass die Presse im Frühjahr 1952 nahezu bundesweit das Verfahren gegen
Remer als *Prozess um den 20. Juli* ankündigte. Das damit geweckte öffentliche
Interesse sowie das allgemeine Medieninteresse – es waren mehr als 70 internationale Journalisten akkreditiert – an dem Prozess waren enorm groß, wie
aus der Berichterstattung und den Bildern hervorgeht.

Die Basis für die von Bauer konstatierte Legitimität des Widerstands bildete die notwendige Qualifizierung des NS-Staates als *Unrechtsstaat*. Insgesamt
wurden 23 Zeugen vernommen, darunter befanden sich auch bekannte Neben-
kläger. Unter anderem waren dies Otto John, welcher damals die Position des
Präsidenten des Bundesamtes für Verfassungsschutz innehatte, der Rechts-
anwalt und spätere Richter am Bundesverfassungsgericht Fabian von Schlabrendorff sowie Karl Friedrich Bonhoeffer, der Bruder des hingerichteten
Dietrich Bonhoeffer. Zusätzliche Kläger waren Marion Gräfin Yorck von Wartenburg, Uwe Jessen, Annedore Leber, Alexander von Hase und Anna von
Harnack, welche als Angehörige der zum Tode verurteilten Widerstandskämpfer auftraten. Allerdings zog Anna von Harnack auf Wunsch Bauers ihre Anklage zurück, da sich ihre Eltern der *Roten Kapelle*, also dem kommunistischen
Widerstand, angeschlossen hatten. Fritz Bauer erkannte scharfsinnig die Gefahr,
die daraus – aus politischen Gründen – für seinen Prozess erwuchs. Im beginnenden Kalten Krieg war das »Feindbild Kommunismus« kaum für eine Rechtfertigung des Widerstands der kommunistischen *Roten Kapelle* geeignet. Bauer mußte befürchten, dass in einer antikommunistischen Propagandaflut durch
die Verteidiger Remers sein eigentliches Prozessziel untergehen könnte und
den Prozess zum Scheitern brächte. Auch die westlichen Besatzungsmächte

[49] FAZ vom 9.2.1952.
[50] Zitiert nach Wojak: *Bauer* (wie Anm. 43), S. 268.

Andrang beim Remer–Prozess 1952
in Braunschweig

wären unter diesen Voraussetzungen wohl kaum an einem Prozess um die Legitimierung des Widerstands gegen Nazi–Deutschland interessiert gewesen.

Um den Prozess nicht zu gefährden, konzentrierte er ihn rechtlich und inhaltlich ausschließlich auf die Widerstandshandlungen des 20. Juli 1944! Damit Bauer sein Ziel erreichen konnte, verfolgte er eine geschickte Strategie. Neben der wichtigen Auswahl der Zeugen, die sich vor allem über die Motive der Widerstandskämpfer äußerten, setzte er primär auf zwei zentrale Bestandteile in seiner Prozessführung. Zum einen zog er sachkompetente wissenschaftliche Gutachter heran, die aus moraltheologischer, historischer und militärischer Sichtweise Stellung zu den Themen Soldateneid, Legitimität von Widerstand und Tyrannenmord bezogen. Zum anderen nutzte Fritz Bauer, wie bereits angeklungen, die Medien, durch welche der Remer–Prozess zu einem öffentlichen Lehrstück wurde und, wie Norbert Frei meint, »einen normativen Akt, der entscheidende Grundlagen für die Verankerung des 20. Juli 1944 im Geschichtsbewusstsein der Bundesrepublik schuf«. [51]

Gutachter und Gutachten [52]

Die Auswahl der mit Gutachten beauftragten Sachverständigen unternahm Bauer mit größter Sorgfalt, da diese die Basis seiner Prozessstrategie bilden sollten. Er engagierte angesehene Theologen und Historiker. Die Zielrichtung von deren Gutachten war nicht etwa der Angeklagte Otto Ernst Remer, sondern eine Kernfrage soldatischen Verhaltens, von soldatischer Pflicht und Ehre: der *Soldateneid*. Seine Bedeutung, aber auch die Grenzen der vom Eid bestimmten

---

[51] Norbert Frei: *Vergangenheitspolitik. Die Anfänge der Bundesrepublik und die NS–Vergangenheit*. München 2012, S. 348.

[52] Die Gutachten und das Urteil des Remer–Prozesses sind gut nutzbar veröffentlicht: Herbert Kraus (Hrsg.): *Die im Braunschweiger Remerprozeß erstatteten moraltheologischen und historischen Gutachten nebst Urteil*. Hamburg 1953. Daraus sind die entsprechenden Zitate dieses Kapitels entnommen.

Verpflichtung sollten ausgelotet und hinterfragt werden, insbesondere die Frage, wann endet die von ihm vorgegebene Verantwortlichkeit des Einzelnen und wann hat der Soldat das Recht oder gar die Verpflichtung, eigenverantwortlich zu entscheiden und zu handeln. Welche Grenzen sind ihm gesetzt, die er notfalls überschreiten darf oder sogar muss, bis hin zum offenen Widerstand. Seit August 1934 war insofern eine besondere Situation eingetreten, da alle Soldaten seitdem verpflichtet wurden, den Eid ad personam, auf Adolf Hitler abzulegen. Dies galt sogar für jene ehemaligen Reichswehrangehörige, die ihren Eid bereits auf die Weimarer Verfassung abgelegt hatten.

Am Anfang standen bereits am ersten Prozesstag die Darlegungen der beiden evangelischen Theologen Prof. D. Hans–Joachim Iwand und Prof. D. Ernst Wolf zur Debatte. Prof. Iwand war als Gutachter insbesondere deshalb mit besonderer Spannung erwartet worden, da er in Kirchenkreisen nicht unumstritten war. Iwand zählte zu jenen Vertretern, die schon seit 1946 eine Auseinandersetzung der Kirche mit deren nationalsozialistischer Verstrickung in der Vergangenheit gefordert und untersucht hatten. Im sogenannten *Darmstädter* Wort hatten diese kirchenkritischen Vertreter ein Schuldbekenntnis der deutschen Bevölkerung an den nationalsozialistischen Verbrechen eingefordert, lange bevor noch in Deutschland die sog. Kollektivschuldthese, die die Alliierten formuliert hatten, ernsthaft diskutiert wurde. Entsprechend heftig war die innerkirchliche Kritik an den Autoren des Darmstädter Wortes.

Die vorgestellten Gutachten behandelten die »Frage des Widerstandsrechts nach evangelischer Lehre«. Unter Darlegung historischer Entwicklungen seit der Antike [»Das Problem des Widerstandes des Volkes gegen einen ungerechten und unrechtmäßigen Herrscher spielt bekanntlich eine erhebliche Rolle in der Staatsrechtslehre des klassischen Altertums und dann erst wieder auf dem Hintergrund des Kampfes zwischen kirchlicher und staatlicher Autorität im christlichen Mittelalter«] [53] und unter Bezug auf maßgebende historische Persönlichkeiten wie Thomas von Aquin [»maßgebliche Lehren von der Volkssouveränität und dem Tyrannenmord«] über Calvin [betrachtet maßgeblich die Stände, »denen es als göttlich verordnete Pflicht zukommt, zum Schutz der Freiheit des Volkes gegen die pflichtvergessenen Herrscher vorzugehen«] bis hin zu Luther [der zwar eine ambivalente Haltung der Stellung zur Obrig-

---

[53] Fritz Bauer hatte grundsätzlich bei allen historisch–theologischen Gutachten, wie auch bei seinem Schlussplädoyer in der Verhandlung, ein breites Spektrum des historischen Kontextes erbeten, um damit einer Kontextualisierung seiner juristischen Definition auf einem stabilen Fundament vergleichbarer Geschichtstraditionen zu verankern.

Fritz Bauer 1952

keit einnahm, letztlich aber doch ebenso »den juristischen Argumentationen für ein Widerstandsrecht der Reichsstände zugestimmt« hatte], und ähnlich wie Calvin in der Gesamtheit der Argumente »das politische Widerstandsrecht der Christen gegen den zur Bestie gewordenen Staat« konstatierte: »In diesem Falle haben nämlich die Träger öffentlicher Gewalten die Pflicht, den Staat in seinem eigentlichen, von Gott gemeinten Sinn zu bewahren und damit das Volk bzw. die durch die Perversion eines solchen Staates gefährdeten Völker«. Die Gutachter kamen zu dem Schluss, dass die Widerstandskämpfer vom 20. Juli »von der evangelischen Glaubensauffassung her« korrekt gehandelt haben und »damit ein Zeichen aufgerichtet, für echte, christliche und politische Verantwortung, welches der Ansatz sein könnte zu einer Neubesinnung auf das Recht und die Grenzen der politischen Gewalt«.

Einzig die Schuld, zu spät gehandelt zu haben, könne man ihnen vorwerfen. Noch am ersten Prozesstag trug der Freisinger Theologe Prof. Dr. Rupert Angermair sein »Moraltheologisches Gutachten über das Widerstandsrecht nach katholischer Lehre« vor. Er legte besonderes Gewicht auf die Betrachtung des soldatischen Eides und stellte die Frage: »Wurden sie nicht durch Eidbruch zu ›Verrätern‹«. Angermair hatte schon vor dem Braunschweiger Prozess öffentlich zu der Rolle der Widerstandskämpfer des 20. Juli 1944 Stellung genommen und sie vom Verrat freigesprochen. Im Gutachten argumentierte und urteilte er ähnlich wie seine evangelischen Kollegen und stellte das Gemeinwohl als Maxime über das Tyrannenwohl: »Einem Mann offen zu widerstehen, der das ganze Volk mit sich ins Verderben reißen wollte, das war nicht mehr gegen den Fahneneid verantwortlicher Generale, sondern ein freilich schweres, nach ihrer ehrlichen Überzeugung aber nicht mehr zu umgehendes Opfer an den eigentlichen Sinn des Fahneneides, den sie auf das Gemeinwohl des deutschen Volkes geschworen hatten.

Je höher der Dienstgrad, desto drängender war die Verpflichtung, Hitler und seine ganze Regierung zum Besseren zu beeinflussen. Wo ein solcher Versuch nicht mehr half oder aus verschiedenen Gründen unmöglich wurde, blieb nur noch die Abwehr des Unbelehrbaren durch aktiven Widerstand. Kam dazu die ehrliche Überzeugung, daß eine soziale Notwehr bis zur Tötung des schwer gemeinwohlschädigenden Tyrannen erlaubt sein mußte, so stand der auf das Gemeinwohl abgelegte Eid einer Tat wie der des 20. Juli nicht mehr entgegen. Die Männer des 20. Juli setzten nicht nur das persönliche Wohl Hitlers, sondern auch ihr eigenes hinter das Gemeinwohl des deutschen Volkes heldenmütig zurück«. Auch den Vorwurf des Hoch- und Landesverrats sah Angermair aus den genannten Gründen als hinfällig an.

Ebenfalls an diesem Tag legte der Göttinger Historiker Prof. Dr. Percy Ernst Schramm sein »Historisches Gutachten über die Kriegslage im Sommer 1944« dar. Schramm war seit 1943 bis zum Kriegsende als Kriegsberichterstatter im Wehrmachtsführungsstab tätig und hatte in dieser Position ein Kriegstagebuch geführt. In dieser Rolle war er ein fachkompetenter Kenner, der die zugrundeliegende Frage »Wie war die militärische Lage am 20. Juli 1944?« zweifellos aus direkter Kenntnis und Erfahrung bewerten konnte. Ein Aspekt seiner Antwort war »Mußte der Krieg in diesem Augenblick nach menschlichem Ermessen als bereits verloren angesehen werden?«, wozu er ergänzend die Gegenfrage stellte: »Gab es damals aufgrund der allgemeinen Lage oder auf Grund besonderer Faktoren noch irgendwelche Anhalte zu der Auffassung, daß dadurch eine Wendung zum Guten anzunehmen sei?« Nach einer ausführlichen und detailreichen Analyse der militärischen Lage an allen Kriegsfronten kam er zum »zwingenden Schluß: die militärische Lage war am 20.7. bereits ausweglos« und »der Krieg war unweigerlich verloren, und zwar schon Mitte 1944«. Weder konnte eine positive Wendung durch »Geheimwaffen« erwartet werden, und »es gab erst recht keine deutsche Atombombe«, die den Kriegsverlauf noch hätte wenden können. Noch sah Schramm Veranlassung für die Vermutung, die Niederlage sei durch Verrat oder Sabotage herbeigeführt worden, vielmehr: »Wie man die Dinge auch wendet, von welcher Ebene aus, aus welchem Sektor heraus man auch den Krieg betrachten mag; der Krieg war am 20. Juli verloren. Die Schlußkatastrophe war gewiß – nur über ihr Datum konnte man noch streiten.«

Für den zweiten Prozesstag standen die Gutachten des Historikers Dr. Hans-Günther Seraphim sowie Generalleutnant a. D. Helmut Friebe an. Seraphim war Referent für Zeitgeschichte am Institut für Völkerrecht an der Universität Göttingen und hatte bereits die Aufgabe eines Sachverständigen bei den Nürnberger Kriegsverbrecherprozessen wahrgenommen. Er berichtete in seinem Gutachten aus historischer Sicht über »Motive der Widerstandskämpfer vom 20. Juli 1944« sowie den »Ablauf der Ereignisse am 20. Juli 1944 unter besonderer Berücksichtigung der Rolle des damaligen Major Remer«. Die grundsätzliche Frage nach den Motiven der Widerstandskämpfer war aus prozesstaktischen Gründen von größter Bedeutung, da die Anklage nach § 186 StGB es erforderlich machte, dass Bauer im Zuge der Erbringung des notwendigen Wahrheitsbeweises überzeugend belegen musste, dass die von Remer diskriminierten und beleidigten Widerstandskämpfer vom 20. Juli keine Hoch- und Landesverräter waren. Nach dem 1944 geltenden Recht war nur derjenige als solcher zu belangen, der dem Staat einen Schaden oder Nachteil zufügen wollte und diese Tat vorsätzlich ausübte (§ 88 StGB) oder wenn er mit dem Ansinnen, schwere Nachteile für das Reich herbeizuführen, Kontakte mit dem Ausland aufnahm (§ 91 StGB). Schon im Abschnitt I seines Gutachtens wies Seraphim die ganze Ausrichtung des Geschehens und seine notwendigen Voraussetzungen auf: »Eine deutsche Widerstandsbewegung als zentral geleitete einheitliche Aktion hat es nicht gegeben. Der Widerstand gegen den Nationalsozialismus und sein Regime wurde vielmehr getragen von einer ganzen Reihe von Gruppen, die im Prinzip unabhängig voneinander arbeiteten und Berührung miteinander in einigen Fällen durch ihre Führer hatten. Erst im Verlaufe des Krieges, etwa seit dem Jahre 1942, ist eine engere Fühlungnahme mit dem Ziel eines gemeinsamen Handelns erkennbar. Die Verhältnisse des totalitären Regimes brachten es mit sich, daß der Gewalt nur durch Gewalt begegnet werden konnte. Das bedeutete, daß das Instrument des Widerstands eben die bewaffnete Macht sein und von ihrem Verhalten alles abhängen mußte. Erst wenn ihr Vorgehen Erfolg hatte, konnten die zivilen Kräfte des Widerstandes zum Zuge kommen.« Als zentrale Figur des Widerstands im Dritten Reich schilderte Seraphim den damaligen Generalstabschef Generaloberst Ludwig Beck und betont dessen »hohe Ethik des Verantwortungsgefühls, die ihn zum Handeln bestimmt« habe. Nach einer vorbildlichen Sachanalyse und tiefgehenden Mentalitätenbetrachtung kam Seraphim zu dem Schluss:

»Zusammenfassend kann gesagt werden, die Beweggründe der Führer des deutschen Widerstandes, trotz allem noch in letzter Minute den Versuch zum Aufstand gegen Hitler und sein Regime zu unternehmen, entsprang der Hoffnung, bei Gelingen der Tat der Welt zu zeigen, daß auch unter schwersten äußerlichen Verhältnissen von innen heraus der Wandel zum Rechtsstaat, zur Sittlichkeit und geordneten Verhältnissen von Deutschen durchgeführt sei. Für den Fall des Mißlingens sollte das Fanal des anderen Deutschland beweisen, daß das deutsche Volk in seiner Gesamtheit und der Nationalismus nicht das gleiche gewesen sei.«

Abschließend folgte das Gutachten von Generalleutnant a.D. Helmut Friebe, »welcher aus Sicht eines alten Frontoffiziers über die Stellung des Offizierkorps am Tag des Attentats berichtete. Somit hatte Bauer einen Gutachter gewonnen, der zum einen die Sicht der Soldaten widerspiegelte, ähnlich wie er es mit dem Gutachten von Schramm bezweckte, und der weiterhin zusätzlich als Funktionär im Verband deutscher Soldaten tätig war«. Erneut bestätigte sich, wie klug Bauer seine Gutachter ausgewählt hatte, und zwar sowohl hinsichtlich der juristischen Erfordernisse im Prozessverlauf als auch der noch vorherrschenden gesellschaftlichen Vorbehalte und Vorurteile gegenüber den Widerstandskämpfern des 20. Juli 1944, aber auch ganz allgemein mit Blick auf die Verdrängung und Vergessenstendenz der damaligen Erinnerungskultur der Deutschen gegenüber den gerade zurückliegenden Terror- und Schreckensjahren. Friebe stellte sich in seinem Gutachten drei Grundsatzfragen: »Wie stand das ehemalige Offizierskorps seinerzeit zum Attentat gegen Hitler? – Wie steht es heute dazu? und Wie steht das ehemalige Offizierskorps zur Frage des Fahneneides?«. Er beschrieb die ambivalente Haltung, die bei altgedienten Frontsoldaten von Bedauern über das Scheitern des Attentats bis zur Ablehnung reichte. Demgegenüber stand die jüngere Generation sehr viel radikaler »dem Attentat verständnislos und ablehnend gegenüber und verurteilte es«.

Erst allmählich setzte ein nachdenklicher Sinneswandel ein, vor allem als »dann langsam die Namen der hohen und höchsten Offiziere bekannt wurden, die führend an dem Attentat beteiligt waren«. Erst später, »von den Geschehnissen und Belastungen an der Front losgelöst, kam die Masse des Offizierskorps zur Erkenntnis der dilettantenhaften militärischen Führung durch Hitler«. Friebe betonte die damalige Weitsicht der Widerstandskämpfer und zog den erkenntnisreichen Schluss: »Und wir Soldaten sollten heute dankbar sein, daß sich unter diesen Männern eine große Anzahl unserer Kameraden befanden, die führend und bereit waren, ihr Leben für die Befreiung unseres Volkes von einem unmoralischen und verantwortungslosen Regime einzusetzen in der Hoffnung, noch unter erträglichen Bedingungen den für Deutschland schon damals verlorenen Krieg beenden zu können«. Auf das Jahr 1952 und die gegenwärtige Haltung der Soldaten sah Friebe eine klare und positive Veränderung der Meinungen zum 20. Juli unter den Soldaten und untermauerte seine Ansicht, »daß sich die Auffassung des ehemaligen Offizierskorps zum Attentat des 20. Juli nach dem Zusammenbruch geändert hat« und führte dazu prominente Aussagen an. Mit Blick auf den Fahneneid betonte Friebe schließlich seine grundsätzliche Meinung »Der Soldat hat den geschworenen Eid zu halten, und zwar bedingungslos!«, konzidierte jedoch gleichzeitig, dass der 20. Juli einen Ausnahmefall darstellte und rechtfertigte den Eidbruch, weil die Widerstandskämpfer »aus höherer Einsicht und aus hohem Verantwortungsgefühl heraus zum Handeln gezwungen waren«. Weder den eidtreuen Soldaten, noch den Widerstandskämpfern könne letztlich ein Vorwurf gemacht werden. Anknüpfend an die vorgetragenen Gutachten hielt Fritz Bauer sein Schlußplädoyer.

Schlussplädoyer von Fritz Bauer [54]

Zunächst betonte Fritz Bauer den Anlass des Prozesses und das Ziel, es sei abzuurteilen, »dass das Vorstandsmitglied der SRP, Remer, seit Monaten durch Niedersachsen zog und die Widerstandskämpfer des 20. Juli verleumdete und beschimpfte, indem er sie Hoch- und Landesverräter hieß. Was am 20. Juli 1944 vielen noch dunkel vorgekommen sein mag, ist heute durchschaubar, was damals verständlicher Irrtum gewesen sein mag, ist heute unbelehrbarer Trotz, böser Wille und bewusste Sabotage unserer Demokratie.« Bauers eigentliches Ziel aber war die Klärung der Frage »›Waren die Männer des 20. Juli Hoch- und Landesverräter?‹ durch ein demokratisches, unabhängiges Gericht«. Dazu habe die Verhandlung »den klaren Beweis erbracht, dass die Behauptung, die Widerstandskämpfer seien Hoch- und Landesverräter gewesen, unwahr ist«. In seiner Beweisführung orientierte sich Bauer nicht nur an den Aussagen der Gutachter, die für seine Beweisführung entscheidend waren, er schlug auch einen rechtshistorisch weiten Bogen, der vom germanischen Widerstands-

---

[54] Die Zitate sind dem Typoskript des Schlussplädoyers entnommen bei: Biegel: *Prozess* (wie Anm. 41), S. 10–27.

recht über die *Magna Charta* und den Fall der *Göttinger Sieben* bis in die Realität des nationalsozialistischen Unrechtsstaats reichte. In diesem Plädoyer, dem »historische Bedeutung« zukommt, gelang Fritz Bauer schließlich die überzeugende Darlegung der rechtlichen Legitimierung des gesamten Widerstands.

Er stellte in seinem einstündigen Plädoyer u.a. fest: »Ein Unrechtsstaat, der täglich Zehntausende Morde begeht, berechtigt jedermann zur Notwehr gemäß § 53 StGB. Jedermann war berechtigt, den bedrohten Juden oder den bedrohten Intelligenzschichten des Auslands Nothilfe zu gewähren«. Mit dieser Beurteilung stand Fritz Bauer in fundamentalem Gegensatz zur Mehrheitsmeinung in Deutschland im Jahr 1952 und leitete mit seiner Prozessstrategie einen historischen Paradigmenwechsel im Umgang mit dem Widerstand ein. Bauer betonte, dass man den am 20. Juli Beteiligten nicht vorwerfen könne, sie hätten »den Vorsatz gehabt, Deutschland zu schaden«, ihr Ziel sei es vielmehr gewesen, »Deutschland zu retten«. Kennzeichnend für die persönliche Anteilnahme an der Frage des Widerstands, die ungewöhnliche Empathie eines Anklägers, aber auch die intellektuelle Strategie des Plädoyers stehen die Schlusspassagen:

»Die konstitutionelle Monarchie und die Demokratie Deutschlands ließ das Widerstandsrecht ruhen. Es ist eine Ironie des Schicksals [und auf sie ist im Rahmen dieses Verfahrens vielfach hingewiesen worden], dass es ausgerechnet Adolf Hitlers ›Mein Kampf‹ war, der im Jahre 1923 dieses Widerstandsrecht wieder in das Bewusstsein der deutschen Bevölkerung brachte. Der Zeuge Kleffel hat außerordentlich dramatisch geschildert, wie Goerdeler – nach dem Recht des Widerstandskampfes befragt – an seinen Bücherschrank trat und aus ›Mein Kampf‹ die Worte zitierte: ›Staatsautorität als Selbstzweck kann es nicht geben, da in diesem Falle jede Tyrannei auf dieser Welt unangreifbar und geheiligt wäre.‹ Es ist aber nicht meine Absicht, ausgerechnet Hitler das letzte Wort zu lassen. Das Schönste über das Widerstandsrecht von Volk und Mensch hat Schiller im ›Tell‹ gesagt:

Nein, eine Grenze hat Tyrannenmacht.
Wenn der Gedrückte nirgends Recht kann finden,
Wenn unerträglich wird die Last, greift er
Hinauf getrosten Mutes in den Himmel
Und holt herunter seine ew'gen Rechte,

Dr. Fritz Bauer

Die droben hangen unveräußerlich
Und unzerbrechlich wie die Sterne selbst,
Der alte Urstand der Natur kehrt wieder,
Wo Mensch dem Menschen gegenüber steht;
Zum letzten Mittel, wenn kein anderes mehr
Vergangen will, ist ihm das Schwert gegeben.
Der Güter höchstes dürfen wir verteid'gen
Gegen Gewalt.

Meine Herren Richter, wenn ich nach vielen langen Jahren vor Ihnen heute wieder die Rütli–Szene beschwöre, gehen meine eigenen Gedanken zurück zum humanistischen Gymnasium in Stuttgart. Diese Schüler des humanistischen Gymnasiums in Stuttgart, darunter Claus Schenk von Stauffenberg, zu dessen Mitschülern ich mich rechnen darf, hatten es als ihre Aufgabe angesehen, das Erbe Schillers zu wahren; denn wir Schüler sahen in uns die Nachfahren der Schüler der Hohen Karls–Schule, in der einst Schiller seine ›Räuber‹ schrieb ›in tyrannos‹. Wir haben in unserem Gymnasium den ›Wilhelm Tell‹ und die Rütli–Szene aufgeführt. Was dort Stauffacher sagte, tat später Stauffenberg, er und seine Kameraden des 20. Juli, eingedenk dessen, was uns unsere Dichter und Denker gelehrt haben, eingedenk unseres guten alten deutschen Rechts.«

Das Urteil im Remer–Prozess bedeutete letztlich die Anerkennung der Legitimität des Widerstands vom 20. Juli 1944. Es bedeutete aber auch, dass erstmals ein deutsches Gericht den NS–Staat als *Unrechtsstaat* verurteilte. Damit war, wie der frühere Präsident des Oberlandesgerichts Braunschweig, Rudolf Wassermann, feststellte, mit dem Braunschweiger Prozess nicht nur »eine Wende in der Bewertung des 20. Juli« erreicht, sondern er beurteilte den Braunschweiger Remer–Prozess 1952 als den »bedeutendsten Prozess mit politischem Hintergrund seit den Nürnberger Kriegsverbrecherprozessen und vor dem Frankfurter Auschwitz–Prozess«. [55]

[55] Rudolf Wassermann: *Zur juristischen Bewertung des 20. Juli 1944. Der Remer–Prozeß in Braunschweig als Markstein der Justizgeschichte*, in: *Recht und Politik* (1984), S. 68–80, hier: S. 78.

7. Jahrgang — Nummer 66
Mittwoch, 19. März 1952

Braunschweiger Richter bedroht

Dem Urteil gegen Remer folgten Todesdrohungen / Die Feme meldet sich wieder

ap-up BRAUNSCHWEIG.

Eine Anzahl von Drohbriefen ging wenige Tage nach der Verurteilung des zweiten Vorsitzenden der SRP, Remer, beim Landgericht und der Oberstaatsanwaltschaft Braunschweig ein. „Der Galgen mit Fleischerhaken aus Nürnberg wartet auf Sie Schweinehund", heißt es in einem dieser Drohbriefe an Landgerichtsdirektor Heppe, „es wird kommen der Tag, an dem auch der letzte Landesverräter gehängt sein wird, einschließlich seiner Helfer. Zu letzteren, vom Feinde bezahlten Subjekten, gehören auch Sie." Der Brief war adressiert an: „Jüdischer Rechtsstaat" im Landgerichtsgebäude Braunschweig. Der Absender lautete: Gestapo IV, Berlin, Prinz-Albrecht-Allee. Die Sendung ist in Hannover abgestempelt.

Beim Braunschweiger Landgericht und bei der Generalstaatsanwaltschaft sind bisher zu dem Remer-Urteil, mit dem das SRP-Vorstandsmitglied wegen übler Nachrede und Verunglimpfung verstorbener Widerstandskämpfer zu drei Monaten Gefängnis verurteilt worden war, etwa 200 Briefe eingegangen. Ungefähr 60 Prozent der Zuschriften sprechen sich im Sinne des Urteils aus, das viele Briefschreiber jedoch noch als zu milde bezeichnen. Vierzig Prozent wenden sich scharf gegen das Urteil und bedrohen Gericht und Staatsanwaltschaft.

Ferner wird bekannt, daß gegen den Generalstaatsanwalt Dr. Bauer von dem Vater eines im Kriege gefallenen Soldaten Strafantrag gestellt worden ist, weil Dr. Bauer durch die Feststellung, der Soldateneid sei einem Unrechtsstaat geleistet worden, das Andenken der Gefallenen verunglimpft habe.

Die Drohbriefe an das Braunschweiger Landgericht entsprechen jenem anonymen Brief vom Oktober 1951 aus Unna in Westfalen, mit dem Landgerichtsdirektor Jäger — nach seinem seinerzeitigen Urteil gegen den SRP-Redner von Bothmer wegen Beleidigung und übler Nachrede gegenüber Persönlichkeiten der Demokratie — mit der Todesstrafe durch ein Femegericht bedroht worden war.

Nachricht in der Hannoverschen Presse zu den Drohungen gegen Fritz Bauer
nach dem Remer-Prozess

Mit dem Urteil im Remer–Prozess 1952 erreichte die frühe Phase von Erinnern, Verdrängen und Vergessen einen juristisch prägenden Abschluss, wurde doch nicht nur der NS–Staat von einem deutschen Gericht als *Unrechtsstaat* per Urteil als das benannt, was er war. Auch die Rechtmäßigkeit, ja normative Notwendigkeit des Widerstands gegen staatliches Unrecht und autokratische Willkür wurde für rechtens erklärt. Die Empathie früher Erinnerung wie bei Ricarda Huch, die aufrief, der Märtyrer als Helden zu gedenken (1944), Theodor Heuss, der schon 1945 um die Opfer des NS–Unrechts trauerte und dem 20. Juli mit seiner »unermeßlichen Tragik« gedachte, Reinhold Schneider mit seinen christlichen und mitfühlenden Worten seines Gedenkwortes zum 20. Juli 1946 über den Rechtsakt des Remer–Prozesses mit dem Bemühen von Fritz Bauer fand den Abschluss mit der vielgelobten Gedenkrede von Bundespräsident Theodor Heuss zum 20. Juli 1954, der das Vermächtnis der Widerständler in Erinnerung rief, »das durch das stolze Sterben dem Leben der Nation geschenkt wurde«. Früh also setzte der Dank- und Mahnruf der Erinnerung ein, der lange dauerte, bis Bundespräsident Richard von Weizsäcker in seiner denkwürdigen Rede zum 8. Mai 1985 den Widerständlern des 20. Juli 1944 zugestand, dass es ihnen darum ging, »der Welt zu zeigen, dass es auch ein anderes Deutschland gibt.« Diese Erinnerung muss weiter gepflegt und öffentlich vermittelt werden, um aus dem Wissen um die Geschichte, von der ich einige wichtige Momente geschildert habe, eine weiterhin demokratische Zukunft zu sichern. [56]

Drei Monate Gefängnis für Remer

„Die Männer vom 20. Juli waren keine Landesverräter"

Eigener Bericht

G. W. Braunschweig, 16. März 1952

Der Remer-Prozeß vor dem Landgericht Braunschweig endete mit der Verurteilung des Angeklagten zu drei Monaten Gefängnis wegen übler Nachrede in Tateinheit mit Verunglimpfung des Andenkens Verstorbener. Remer erklärte nach der Urteilsverkündung: „Dieser Prozeß war eine gute Reklame für mich." Sein Verteidiger sagte, er werde Revision beim Bundesgericht einlegen.

Die Verurteilung erfolgte ausschließlich wegen des Vorwurfs gegen die Männer des 20. Juli, sie hätten Landesverrat begangen. In der Frage des Hochverrats, so führte der Vorsitzende der Strafkammer, Landgerichtsdirektor Heppe, aus, habe der Angeklagte gegen die Verschwörer keinen sie diskriminierenden Vorwurf erhoben. Zum Landesverrat gehöre der Vorsatz, dem Reich zu schaden. Dieser Vorsatz habe bei den Widerstandskämpfern nicht vorgelegen, und in keinem Fall sei festgestellt worden, daß sie im Solde des Auslands gestanden hätten. Soweit einzelne Widerstandskämpfer mit dem Ausland Verbindung aufgenommen hätten, hätten sie gehandelt, um die Einstellung des Feindes zu dem beabsichtigten inneren Umsturz zu sondieren. Daraus könne ihnen kein Vorwurf gemacht werden. Diese Fühlungnahme könne nicht als Verrat bezeichnet werden, sie sei aus tiefster Verantwortung und Sorge und, um dem Volk zu nützen, erfolgt. Das Gericht schloß sich der Ansicht der Staatsanwaltschaft an, daß das Dritte Reich kein Rechtsstaat, sondern ein Unrechtsstaat gewesen sei. „Es ist bitter und hart für ein deutsches Gericht", sagte der Vorsitzende, „derartiges aussprechen zu müssen, aber es ist nicht möglich, zu einem anderen Ergebnis zu kommen. Was seit 1933 geschehen ist, war des deutschen Volkes unwürdig."

Schließlich ging das Gericht auf die Fälle ein, in denen vielleicht militärische Mitteilungen an das Ausland gelangt sind, und erklärte dazu, selbst wenn man Remer zubilligen wolle, er habe vielleicht die Fälle Gisevius oder General Oster als Landesverrat betrachten können, berechtige ihn das nicht zu seiner Formulierung, da diese bei den Zuhörern den Eindruck erwecken mußte, bei den Widerstandskämpfern habe es sich durchweg um unehrenhafte, im Auslandssolde stehende Männer gehandelt. Abschließend heißt es in der Urteilsbegründung: „Der Angeklagte lebt offenbar auch heute noch in den Anschauungen des Jahres 1944. Was damals verständlich war, ist heute unbelehrbarer Trotz."

Pressebericht aus Braunschweig zum Urteil im Remer-Prozess

56 Dirk Rochtus: »*Hitler muss fallen, …*« *Widerständiges deutsches Denken und Handeln 1933-1945*. Leipzig 2024; Ruth Hoffmann: *Das deutsche Alibi. Mythos »Stauffenberg-Attentat« – wie der 20. Juli 1944 verklärt und politisch instrumentalisiert wird*. München 2024.

Autorin und Autoren

Prof. Dr. h.c. Gerd Biegel, geb. 1947, Historiker, Ltd. Museumsdirektor a.D.,
Gründungsdirektor Institut für Braunschweigische Regionalgeschichte und
Geschichtsvermittlung (IBRG), TU Braunschweig
biegel@gerd-biegel.de

Hans-Jürgen Derda, geb. 1955, Historiker, Leiter des Jüdischen Museums
am BLM a.D.
h.j.derda@gmx.de

Dr. Eyke Isensee, geb. 1951, Kunsterzieher höheres Lehramt, Wissenschaftlicher Mitarbeiter a.D. an der Hochschule für Bildende Künste Braunschweig,
Filmwissenschaft
eyke.isensee@gmx.de

Dr. habil. Till Kinzel; geb. 1968, Literatur– und Kulturwissenschaftler
till.kinzel@gmx.de

Dr. Angela Klein, geb. 1956, Kultur– und Literaturwissenschaftlerin
draklein@gmx.de

Dr. Thomas Kubetzky, geb. 1971, Historiker, Geschäftsführer des Instituts
für Braunschweigische Regionalgeschichte und Geschichtsvermittlung (IBRG),
TU Braunschweig
t.kubetzky@tu-braunschweig.de

Detlev Rust, geb. 1960, Jurist, Generalstaatsanwalt in Braunschweig
detlev.rust@justiz.niedersachsen.de

Matthias Steinbach, geb. 1966, Historiker, Professur für Geschichte und
Geschichtsdidaktik an der TU Braunschweig
m.steinbach@tu-braunschweig.de

Prof. Dr. Markus Wessendorf, geb. 1964, Theaterwissenschaftler, Präsident
der International Brecht Society, Leiter des Fachbereichs für Theater und
Tanz an der University of Hawai'i at Mānoa in Honolulu
wessendo@hawaii.edu

Impressum und allgemeine Hinweise
Die Deutsche Bibliothek – CIP – Einheitsaufnahme
Die Deutsche Bibliothek verzeichnet diese Publikation in der Deutschen
Nationalbibliografie; detaillierte bibliografische Daten sind im Internet
unter *http://www.dnb.de* abrufbar

1. Auflage 2024
ISBN-Nummer 978-3-945-46206-5
Adlerstein Verlag Braunschweig
Herstellung: BoD, Books on Demand Norderstedt
Alle Rechte vorbehalten

Stauffenbergs Schatten
Der 20. Juli 1944 in der deutschen Rezeption

Herausgeber: Gerd Biegel | Angela Klein | Matthias Steinbach
Redaktion: Irmela Biegel, Angela Klein, Giesela Klemt, Dörte Kuthe–Ringel
Umschlagentwurf und Gestaltung: LIO Design GmbH, Braunschweig
Abbildungen: Privat 13.7.2019 (S. 44, 45, 48, 49, 59); Archiv IBRG
(S. 11, 13, 14, 17, 116, 118, 125, 132, 134, 140, 141, 142);
Repro Ausstellungskatalog Ricarda Huch 1994, S. 393 (S. 121)

Wir danken für Hilfe und Unterstützung dem Verleger
Hans–Jürgen Sträter, Adlerstein Verlag Braunschweig.
Für die Förderung geht der Dank an die
Stiftung Braunschweigischer Kulturbesitz.